外贸写作

编者　赵洪琴
　　　吕文珍

翻译　杨　雪（英）
　　　邱鸿康（日）

北京语言学院出版社

BUSINESS WRITING IN CHINESE

Edited by Zhao Hongqin & Lü Wenzhen
Translated by Yang Xue (English)
        by Qiu Hongkang (Japanese)

BEIJING LANGUAGE AND
CULTURE UNIVERSITY PRESS

First Edition 1994
Second Printing 1994.10

ISBN 7-5619-0270-0/H.196
Copyright 1994 by Beijing Language and Culture University Press
Published by Beijing Language and Culture University Press
15 Xueyuan Road, Beijing 100083, China
Distributed by China International
Book Trading Corporation
35 Chegongzhuang Xilu, P.O. Box 399
Beijing 100044, China
Printed in the People's Republic of China

前　言

随着中国对外贸易事业的发展，汉语商业应用文的用途也越来越广。为满足立意从事对华贸易工作的外国朋友和外国留学生学习汉语的需要，特此编写了这本《外贸写作》教材。本教材力图通过教学使学生掌握有关外贸知识，学习、运用外贸应用文的常用术语、词语及书写格式，以达到能用汉语进行外贸应用文写作的目的。

全书共分四单元，31课。每课包括四个部分。

一、指导。讲解此类应用文在外贸工作中的作用、特点、写法和注意事项。

二、例文。每课编写了三至四篇例文，例文具有代表性，适合于使用本教材的留学生的汉语水平，力求浅近易懂，易于掌握、便于留学生学习摹仿。每篇例文后都跟有生词、短语，并配有英、日文翻译。

三、常用语例解。每课都备有本课所学应用文的外贸常用套语、谦敬语、书面语，并加以解释和扩展，供写作时参考与选用。

四、写作练习。根据每课内容，设计出具体情境，以增强真实感，激发学生的写作兴趣，在教师指导下运用写作知识进行写作实践。

1、5、6、7、8、10、13、16、17、18、19、21、22、23、

25、29、31课和全书的词语例解由赵洪琴编写，2、3、4、9、11、12、14、15、20、24、25、27、28、30课由吕文珍编写初稿。词表由王淑文同志整理。

4、12、16、28、29课中，有十一篇例文是根据舒春凌同志提供的资料编写的。在编写过程中，盛关明同志也提供了不少资料，给予很大支持。因邱鸿康同志赴日本讲学，鹤冈泰子同学承担了日文校对工作。在此一并表示诚挚的谢意。

初次编写此类教材，水平有限，缺点错误肯定不少，恳望使用者批评指正。

编　者
1992年10月

目 录

前 言 ……………………………………………………………

第一单元 外贸交际常用书信

第 1 课 邀请信 ……………………………………………… 1
第 2 课 感谢信 ……………………………………………… 11
第 3 课 介绍信 ……………………………………………… 19
第 4 课 致歉信 ……………………………………………… 26
第 5 课 祝贺信 ……………………………………………… 35
第 6 课 申诉信 ……………………………………………… 42

第二单元 商品宣传

第 7 课 文字广告 …………………………………………… 50
第 8 课 联系刊播广告 ……………………………………… 62
第 9 课 商品说明书 ………………………………………… 71

第三单元 致 词

第 10 课 欢迎词 …………………………………………… 80
第 11 课 欢送词 …………………………………………… 89
第 12 课 告别词 …………………………………………… 97

第四单元 外贸业务信函

第 13 课 外贸业务信函的写法 …………………………… 105

第 14 课	信用调查	111
第 15 课	建立业务关系	119
第 16 课	推　销	127
第 17 课	询　盘	136
第 18 课	报　盘	144
第 19 课	还盘和接受	154
第 20 课	订　货	163
第 21 课	保　险	172
第 22 课	付　款	179
第 23 课	索　款	189
第 24 课	催开信用证	196
第 25 课	装　运	206
第 26 课	索　赔	214
第 27 课	代　理	222
第 28 课	招标与投标	231
第 29 课	合资经营	240
第 30 课	补偿贸易	247
第 31 课	易货贸易	256

附：词汇表 …… 265

第一单元 外贸交际常用书信

第1课 邀请信①

一、指 导

在对外贸易工作中，邀请客户②前来访问，参观产品，当面洽谈③交易④，是促进出口的有效⑤方法。发邀请信是邀请客户访问的必要方式。

邀请信一般包括以下四个部分：

1. 被邀请人姓名或单位名称。顶格写，写全称。

2. 正文。 一般包括邀请的目的、举行活动的内容、活动的时间、地点。有时还要写出活动的日程⑥安排。根据内容，可分几段来写，每段开头空两格。

3. 发信单位（要加盖⑦公章⑧）和联系人姓名都写在全文的右下角。

4. 写信日期。写在右下角，居发信单位及联系人的下一行。

词 语

①邀请信	yāoqǐngxìn	invitation letter	招待状
②客户	kèhù	client; customer; correspondent	お得意，取引先
③洽谈	qiàtán	hold talks	商談する，相談する

④交易	jiāoyì	business; trade; transaction	取り引き(する(
⑤有效	yǒuxiào	valid; effective; efficacious	である（がある）
⑥日程	rìchéng	programme; schedule	スケジュール, 日程
⑦加盖	jiāgài	affix	捺印する
⑧公章	gōngzhāng	official seal	（機関・団体の使用する）公印

二、例　　文

例一　邀请参加交流交易会

××××国工业部：

　　为了促进①国际工业先进技术的交流②与推广③，中国科学技术情报④研究所与联合国工业开发组织等单位，定于1994年12月1日在中国科技情报研究所展览大厅联合举办"'94北京国际技术市场交流交易会"。特邀贵部派代表团前来参加。如有参展项目，请于1994年10月1日前向大会筹备处⑤函订⑥参展面积，并请于10月底前将参展技术设备⑦送到展览大厅。

　　到目前为止，已有来自英国、泰国、美国、加拿大等几十个国家和中国国内的几十个单位的项目报名参加。恭候⑧届时光临⑨。

'94北京国际技术
市场交流交易会筹备处
1994年9月1日

地址：北京市海淀区中关村路1号院内

词　语

①促进	cùjìn	stimulate	促す
②交流	jiāoliú	exchange; interchange; interflow	交流する
③推广	tuīguǎng	spread; extend; popularize	推し広める
④情报	qíngbào	information; intelligence	情報，インフォメーション
⑤筹备处	chóubèichù	preparatory department	設立事務所
⑥函订	hándìng	order by mail	手紙で注文する
⑦技术设备	jìshù shèbèi	technical equipment	技術設備
⑧恭候	gōnghòu	await respectfully	お待ちする
⑨光临	guānglín	presence (of a guest; etc.)	おいでになる

例二　邀请参加时装①小交会

英之杰服装公司：

　　应国外客户的要求，我们将于94年9月15日至9月25日在北京国际展览中心举行一次时装小交会。会上，将展出近两年来我国29个省、市、自治区的名优时装万余种。这些产品吸收了国际市场流行②样式③的优点，并具有④中国各民族独特⑤的艺术风格。款式⑥新颖⑦，富有⑧时代感⑨，用料考究，质地⑩纯正⑪，做工⑫精细⑬，规格⑭齐全。经国内试销，反应颇佳。

贵公司是我们的老客户，特邀届时派代表前来参加，并请告知他们的姓名和到达北京的日期及航班号，我们将派车前去机场迎接。

此致
敬礼

中国服装进出口公司
1994年8月1日

词　语

①时装	shízhuāng	fashionable dress	流行の服装
②流行	liúxíng	popular	流行（する）
③样式	yàngshì	pattern; type; form	様式，型
④具有	jùyǒu	possess; have; be provided with	持つ，備える
⑤独特	dútè	unique; distinctive	独特な，ユニークな
⑥款式	kuǎnshì	style	様式，デザイン
⑦新颖	xīnying	novel; new and original	斬新だ，新奇だ
⑧富有	fùyǒu	rich; wealthy; full of	～に富む
⑨时代感	shídàigǎn	the trend of the times	現代感
⑩质地	zhìdì	quality of a material	生地，素地

⑪纯正	chúnzhèng	pure	純正だ，純粋だ
⑫做工	zuògōng	workmanship	作り方
⑬精细	jīngxì	fine; careful; meticulous	精密である
⑭规格	guīgé	standards; norms	規格，スタンダード

例三　邀请商谈业务

马剑南先生：

　　6月15日来函①收悉②。函告对我公司的手工全毛地毯③有兴趣，希望在我们认为合适的时候前来订货。正巧我公司定于8月1日至8月14日在呼和浩特市举办一次大规模的手工全毛地毯展销会。会上将展出近年来新设计的现代艺术风格产品和仿古④地毯500余种，传统⑤民族工艺地毯700余种。现特邀先生届时⑥前来参加。看样后，与我公司商谈贸易事宜⑦。

　　在我自治区内的旅居⑧、参观由我方负责安排，费用由我方负担。

　　恭候莅临⑨。

内蒙古手工艺品进出口公司
1994年6月25日

词　语

①来函	láihán	incoming letter	来信
②收悉	shōuxī	receive and know	受け取る，拝見いたす
③地毯	dìtǎn	carpet	じゅうたん
④仿古	fǎnggǔ	in the style of the ancients	古器物にまねて作る

⑤传统	chuántǒng	tradition	伝統
⑥届时	jièshí	on the occasion; when the time comes	その時になる，その時
⑦事宜	shìyí	matters concerned; arrangements	事務，仕事，事項
⑧旅居	lǚjū	reside abroad; sojourn	他郷に滞在する
⑨莅临	lìlín	arrive; be present	光臨する，臨席する

例四 邀请参观访问

中国土畜产①进出口公司上海分公司：

　　敬请你公司派代表团于1994年7、8月间前来日本访问。我们建议代表团成员包括上海畜产公司的代表、工厂管理人员、制鞋制革工厂的技术人员和质量把关②人员。还欢迎北京总公司的代表来访。

　　代表团一登陆③，我们就前去迎接，并在整个访问期间陪同④活动，安排好旅馆和行程⑤。

　　提出下列旅程供贵方参考：

　　1．关西地区。访问我公司在大阪、京都的营业部、参观制鞋厂、制革厂、制鞋制革机械厂。

　　2．东京都。参观8月4日——10日的全国鞋类展销会。在展销会上，我们已定下"20英尺×12英尺"的展销面积，专门展卖⑥你公司"中国上海制造"的高档男皮鞋和你公司新近运来的600双女皮鞋。如果贵公司还有新产品欲参加展卖，也可随机带来,我们将再增加展销面积。

展销会期间,我们愿意作为东道主⑦,为代表团举行招待会,以便代表团能和重要的公司买主和官方人士见面交谈⑧。其中不少日本人士将来自贵代表团不去访问的地区。

我们希望这个安排可以使代表团了解日本鞋类市场的概况⑨和顾客的要求,还可以同其他鞋类进行比较;可以同现有的顾客交谈,还可以扩大和发展新客户。

我们衷心⑩希望这次访问能使贵公司同日本的鞋类贸易进一步得到发展。

望速来信把决定告知我们。

日本大荣公司
1994年4月30日

词 语

①畜产	xùchǎn	livestock product	畜産
②把关	bǎguān	check on	点検する,調べる
③登陆	dēnglù	land; disembark	上陸する
④陪同	péitóng	accompany	お供する案内する
⑤行程	xíngchéng	route or distanc of travel	過程,道のり,行程,日程
⑥展卖	zhǎnmài	sell on show	展示して売る
⑦东道主	dōngdàozhǔ	host	主人役ホスト
⑧交谈	jiāotán	talk	話し合う
⑨概况	gàikuàng	survey	概況
⑩衷心	zhōngxīn	heartfelt; cordial	心から

三、常用语例解

1. ……定于1994年12月1日在中国科技情报研究所举办'94北京国际技术市场交流交易会。

   用书面语表达在某时某地举行某项活动时，常用"于（时间）在（地点）举行（举办、进行、召开……）……"这一句式。

   例如：

   我们将于1994年9月15日——9月22日在北京国际展览中心举行一次时装小交会。

   我公司定于今年8月1日——8月14日在呼和浩特市举办一次全毛手工地毯展销会。

   本公司定于1994年8月12日——30日在北京展览馆举行第四届全国农业博览会。

2. 特邀贵部派代表前来参加。

   "特邀"是书面用语，意思是专门邀请。常用在邀请信中。表示对对方的重视，或予以特别关照。

   例如：

   特邀亲朋好友前来聚会。

   特邀贵公司派代表前来参观。

   特邀贵公司派代表前来洽谈。

3. 敬请贵公司派代表前来日本访问。

   "敬请"，敬语，常用于邀请信中，表示对对方的尊重。

   例如：

   敬请××先生前来赴宴。

   敬请代表团光临指导。

敬请先生届时光临。
4. 恭候届时光临。

"恭候",敬辞,意思是"恭敬地等候";"届时"是"到时候";"光临","称宾客到来",也是敬辞。

"恭候届时光临"这一短语常用于邀请信正文的结尾。类似的结尾用语还有:

"恭候莅临"、"敬请光临"、"请光临指导"等。
5. 贵公司是我们的老客户,……

"贵",敬辞,意思是"你们的"或"你的"。用于对方单位名称之前,表示尊重,显得十分客气。

例如:

"你们公司"称"贵公司";

"你们国家"称做"贵国";

"你们工厂"称做"贵厂";

"你们银行"称做"贵行";

"你们学校"称做"贵校"等等。
6. 特邀贵部派代表前来参加。

"前来","来"的书面语。与"前来"相对应的是"前去"、"前往"。

例如:

特邀届时派代表前来参加。

敬请先生届时前来参加。

热烈欢迎代表团前来访问。

如能接到邀请,我将欣然前往。

届时我将应邀前去北京参加讨论会。

四、写作练习

1. 日本松下电器公司准备邀请中国电子技术进出口公司派代表团于1994年12月初到日本访问。

    活动内容：
    ①在东京、大阪、札晃、鹿儿岛四个城市参观松下技术开发公司、参观家电工厂、参观家用电器商店。
    ②双方技术人员举行技术交流座谈会。
    ③洽谈在中国合资经营家用电器厂事宜。
    请你代写一封中文邀请信。

2. 澳大利亚服装公司打算邀请中国轻纺工业进出口公司派团去参观全澳服装展销会。

    时间：1994年10月15日——10月20日
    地点：堪培拉国家展览大厦
    会后参观悉尼市、堪培拉市、墨尔本市三个城市的毛纺厂、时装加工厂、纺织工业机械厂、服装商场。
    举行技术座谈会
    洽谈向中国出口羊毛半成品、毛纺织品和毛料服装事宜。
    请你代写一封中文邀请信。

第2课 感谢信

一、指　导

　　在开展①外贸业务②中，常常在业务上、工作上、生活上得到合作者③及其单位或个人的支持与帮助。在得到别人的帮助或款待④之后，为了表达自己的真诚谢意、增进友谊、发展与巩固业务关系，及时地给对方写一封感谢信是非常必要的。这是一种惯例⑤，也是一种礼节。

　　感谢信的内容通常包括以下四个方面：

　　1．对对方提供的帮助或款待表示感谢。

　　2．具体叙述对方提供⑥的款待或帮助及其所起的作用。

　　3．表达与对方发展友谊、加强联系、发展双方合作关系的愿望。

　　4．再次向对方表示感谢与问候。

　　写感谢信时，对对方提供的帮助及其所起的作用要写充分，但不要夸大其辞，要实事求是，恰如其分，诚恳自然。

词　语

①开展	kāizhǎn	develop; launch	繰り広げる
②业务	yèwu	business	業務，事業
③合作者	hézuòzhě	collaborator	協力者
④款待	kuǎndài	entertain	ていねいに持てなす
⑤惯例	guànlì	convention	慣例

⑥提供　　tígōng　　　　provide　　　　提供する

二、例　文

例一　感谢业务洽谈顺利达成协议

兴和公司：

　　我们首先对贵方的大力支持与密切合作表示衷心的感谢。

　　我们这次在洽谈电视机的业务中，能够顺利达成①协议②，并能在这么短的时间内签订了合同，使我们顺利地完成了任务，这要归功于贵方的真诚合作和密切③配合。我们十分欣赏④你们这种果断利落⑤的工作作风和严谨认真的工作态度。与你们合作，我们感到十分愉快。希望今后能与你们建立长期的友好合作关系。

　　我代表我们公司再一次向你们表示诚挚的谢意。

　　　致以
崇高的敬意

明明公司　大岛正方
1994年8月10日

词　语

①达成	dáchéng	reach (agreement)	達成する
②协议	xiéyì	agreement	協議する
③密切	mìqiè	intimate; intently	密切に
④欣赏	xīnshǎng	appreciate	観賞する，すきだ
⑤果断利索	guǒduàn lìsuo	straight forward	きっぱりしてて

and efficient　　きびきびしている

例二　感谢对方热情帮助

张经理：

　　您好！我已于本月10日回国，这次在贵国洽谈业务期间，承蒙您的热情帮助，使我顺利地完成了任务，为此，谨向您表示最真诚的谢意。

　　我在贵国期间，您除了在业务上给予我很大的支持与帮助以外，在生活上还给予①我无微不至②的关怀与照顾。特别是您在百忙中，陪同我参观了工厂，游览了北京的名胜古迹③。临行前，尊夫人又为我准备了丰盛④的晚餐。为此，我再次向您及尊夫人表示由衷的感谢。

　　希望以后加强联系，欢迎您有机会⑤到我们国家来，盼望有一天能在这儿接待您。

　　顺致

敬礼！

布莱恩
1994年10月21日

词　语

①给予	jǐyǔ	give	与える
②无微不至	wú wēi bú zhì	meticulously	すべての点に行き届いている
③名胜古迹	míngshènggǔjī	scenic spots and historical sites.	名所古跡
④丰盛	fēngshèng	sumptuous; rich	たっぷりだ，盛

| ⑤机会 | jīhuì | chance; opportunity | 大だ
機会，チャンス |

例三 感谢对方的款待

李先生：

　　感谢您昨天邀请我和我的几位同事与你们共进晚餐。晚餐气氛①愉快，菜肴②丰盛可口，使我们度过了一个愉快而有意义的夜晚。对此，我们表示深切的谢意。在归国前夕，我又一次体验到了贵国人民对我们的深情厚谊。我将把这情谊带回国去，以此感染我的继位人和我的同仁们，使之化作发展友好合作的动力。

　　如您所知，我们非常珍视③同贵国外贸部的长期友谊，并且期望能同贵部达成更多的交易。愿我们之间的合作日益加强。

　　再次表示真诚的谢意。

迈　克
1994年3月2日

词　语

①气氛	qìfèn	atmosphere	ふんい気，気分
②菜肴	càiyáo	cooked food	料理，おかず
③珍视	zhēnshì	value; cherish	大事にする，重視する

例四　感谢 taxi 司机

北京市旅游局：

本月十日我们日本××电器①公司一行十人，乘北京旅游局的汽车，前往长城参观游览。回到北京饭店以后，我发现丢失了一个皮包，内有护照②、外汇兑换券③、日元和人民币，心中十分焦急。正在这时，饭店的负责人送来了我的皮包。我打开一看，东西一样不少。我非常感动，没想到皮包在这么短的时间内就失而复得④，使我免受较大的损失。

　据说，皮包是贵局的司机张师傅拾到的，因此特向贵局并通过贵局向张师傅表示由衷的感谢。我十分赞赏他这种拾金不昧的高贵品质。

　致以
衷心的敬意

大岛一郎
1994年10月4日

词　语

①电器	diànqì	electric equipment	電器，電気器具
②护照	hùzhào	passport	パスポート，旅券
③外汇兑换券	wàihuì duì huànquàn	F.E.C.	外貨兌換券
④失而复得	shī ér fù dé	(of things) lost and then find again	一度なくしたがあとから本人の手にもどってきた

三、常用语例解

1. 我们首先对你方的大力支持与密切合作表示衷心的感谢。

　　感谢信中，常使用"对……表示感谢"这一短语。用"对……表示感谢"时，介词"对"的后面可以是被感谢一方，也可以是对方的行为、举动，也就是对方所做的事。后一种情况居多。

　　如：
　　对你的热情帮助表示由衷的感谢。
　　对你方的密切配合表示感谢。
　　对你们的关怀与照顾表示感谢。
　　对你们的信任表示感谢。

2. 我代表我们公司向你们表示衷心的感谢。

　　在"向……表示感谢"句子中，介词"向"的后边都是表示人或团体的词语，也就是感谢的对象。

　　例如：
　　向贵局（旅游局）表示感谢。
　　向张师傅表示感谢。
　　向为洽谈成功作出贡献的全体人员表示感谢。
　　向接待我们的全体服务人员表示感谢。

3. 为此，谨向您表示最真诚的谢意。

　　"谨"，书面语中常用的谦敬辞。意思是"恭敬地"、"郑重其事地"。用在行为动词或动词短语的前面。

　　例如：
　　我谨代表我公司全体成员向你表示由衷的感谢。
　　对你们的热情帮助谨表谢意。

　　　　谨请接受我们真诚的谢意。
　　　　谨候光临我处,让我们能答谢您的盛情。
4. 这次在贵国洽谈业务期间,承蒙您的热情帮助,使我顺利地完成了任务。

　　　"承蒙",客套语。意思是"受到"。常用于社交或外事场合中。书面语,常与"使"搭配,说明帮助所起的作用。
　　　例如:
　　　承蒙您的引荐,使我有幸与××先生相识。
　　　承蒙盛情款待,不胜感激,谨致谢意。
　　　承蒙多方照顾,使我在贵国逗留期间过得充实、愉快。
　　　承蒙您的精心安排,使我不虚此行。
5. 特向贵公司表示衷心的感谢。

　　　"衷心的"就是发自内心的,诚心诚意的。常用来修饰"感谢"、"谢意"。
　　　修饰"感谢"、"谢意"等,还常用以下短语:
　　　由衷的感谢
　　　诚挚(zhì)的谢意
　　　真诚的谢意
　　　深切的谢意

四、写作练习

1. 在你回国前夕,中国长城公司经理王中一为你举行了饯行宴会。请你回国后给王经理写一封感谢信,感谢此次的款待与以往在工作中给予你的帮助与支持。
2. 应邀洽谈业务。回国后给邀请单位写一封感谢信。
　　　感谢对方的密切配合与真诚合作,使你们取得了满意的成果；

　　感谢对方为你们安排了参观游览，使你们过得十分愉快，加深了对中国的了解；

　　感谢对方为你安排了招待会，使你们结识了新的合作伙伴。

第3课 介绍信

一、指 导

在外贸活动中,常因业务、工作等关系,需要把自己的同事或与业务有关系的人介绍给自己熟悉①的单位②或个人、使他们相互认识。这就需使用一种交际介绍信,目的是请求收信人接待第三者,并给以某③种照顾或提供某种帮助。

交际介绍信一般包括④以下三方面的内容:

1.被介绍人的姓名、职业及简单情况。

2.说明与对方相识的原因、目的,以及希望对方为被介绍人提供什么帮助。

3.预先⑤向收信人表示感谢。

写这类信要注意以下三点:

1.要在确信双方都会乐于见面的情况下,方可予以介绍。

2.不要向对方提出难以⑥做到的要求。

3.篇幅⑦不宜过长,语言要简练、明瞭。

词 语

①熟悉	shúxī	familiar	熟知する,よく知っている
②单位	dānwèi	unit	機関,会社,団体
③某	mǒu	certain	ある,某
④包括	bāokuò	include	含む,包括する

⑤预先	yùxiān	in advance; beforehand	あらかじめ，前もって
⑥难以	nányǐ	difficult to	(……するのが)難しい
⑦篇幅	piānfu	length (of a piece of writing); space (on a printed page)	文章の長さ，紙面

二、例　文

例一　向有业务关系的中国朋友介绍前去访问的新经理

尊敬的李先生：

您好！首先感谢您对我在北京时的关怀与帮助。

我公司新任职的海外推销部经理田中先生将于8月下旬访问中国。这次访问主要为了解我公司产品在中国的销售①情况，以及用户②的反映，以便③进一步提高产品质量④，满足⑤用户要求。因他是首次赴中国访问，故请您在各方面予以帮助。对于您的帮助，我们将不胜感激。

此致

敬礼

大岛一郎

1994年7月20日

词　语

①销售	xiāoshòu	sell; market	販売する，売る
②用户	yònghù	user	消費者，ユーザ

③以便	yǐbiàn	in order to	……のために に，……するた めに
④质量	zhìliàng	quality	品質 質量
⑤满足	mǎnzú	satisfy	満足する，満た す

例二 向老同事介绍一位前去建立业务关系的朋友

张先生：

我十分高兴地向您介绍持函人①安田哲先生。安田先生是××公司的一位主任，该②公司是我们的业务友行③。

安田先生此次去上海是为建立新的业务关系。贵公司信誉蜚声海外，我已向他推荐。他到上海后将与先生直接联系。如蒙您向他提供建议、介绍经验、引见④对他工作有益的人士⑤，将十分感激。

对于您的帮助，我们将看作是对我们的特殊⑥照顾⑦，如有机会，定将报答⑧。

此致

敬礼！

小林英明
1994年8月6日

词语

①持函人	chíhánrén	person with the letter	手紙を持ってい る人

②该	gāi	this; that	上記の前記の
③友行	yǒuháng	friendship association	友好関係のある会社
④引见	yǐnjiàn	introduce	紹介する，引き合わせる
⑤人士	rénshì	personage	人士
⑥特殊	tèshū	special	特別である
⑦照顾	zhàogu	look after; keep an eye on	世話する，配慮する
⑧报答	bàodá	repay	報いる

例三　向一位老朋友介绍去北京建立合资
　　　企业①的同事

方先生：

　　您好！今介绍我公司的一位副经理中岛先生前去与您联系。中岛先生此行的目的是欲与有关部门洽谈合资办企业事宜。

　　贵国改革开放政策②吸引着我们，我公司愿与贵国建立合资企业，但对贵国有关政策不甚了解，故请您见面后向他介绍有关情况，提供有益③的建议和经验，帮他与有关单位取得联系，以便尽快实现④我们的愿望。

　　对于您的帮助，我们将十分感谢。

　　　此致
敬礼

　　　　　　　　　　　　　　　　　　　　内田英一
　　　　　　　　　　　　　　　　　　　　1994年10月3日

词　语

①合资企业	hézī qǐyè	joint ventures	合資企業
②政策	zhèngcè	policy	政策
③有益	yǒuyì	profitable; beneficial	有益だ
④实现	shíxiàn	realize	実現する

例四　向中国同事介绍自己的继任人

任先生：

　　我公司新任驻北京办事处经理宫下明文先生将于12月26日赴北京供职，接替我原来的职务。敬希您一如既往对新任经理给予关照与帮助，我们将十分感激。

　　宫下先生有丰富的管理工作经验和卓异①的业务能力，并有志为我们双方的合作贡献自己的才干。但在贵国工作尚属首次，有关贵国情况，还需先生多加指导，请不吝②赐教③。

　　此致

敬礼

日本三兴工业

桥本佳宪

1994年11月18日

词　语

①卓异	zhuōyì	distinguished; outstanding; brilliant	卓越している

| ②吝 | lìn | stingy; mean; closefisted | けちである |
| ③赐教 | cì jiào | condescend to teach; grant instruction | ご指導をお願いいたします |

三、常用语例解

1. 因他是首次赴中国访问，故请您在各方面给予帮助。

   "因……故……"是书面语，相当于现代汉语中的"因为……所以……"。在交际介绍信中，常用来说明将某人介绍给对方的原因。

   例如：

   因他是首次在中国工作，故请先生多加关照。

   因您是我在中国认识的最出色的律师，故向他推荐您做该企业的法律顾问。

   因他完全不懂中文，故请您给予帮助。

   因贵公司信誉可靠，故推荐做他们的贸易伙伴。

2. 对于您的帮助，我们将不胜感激。

   "不胜感激"，是书面语。就是"十分感激"、"非常感激"。将，是"将要"、"将会"。全句意思是说"所托之事如能照办，我们将会非常感激您。"用于介绍信中，表示预先感谢。

   例如：

   对于您的关照，我们将不胜感激。

   对于您为他所提供的方便，我们将不胜感激。

   对于您的引荐，我们将不胜感激。

   "不胜感激"也可以说成"十分感激"，"不胜感谢"、"非常感谢"、"感激之至"等。
3. 如蒙您向他提供建议……，我们将不胜感激。

"如蒙"，书面语，意思是"如果能受到"，后边常与"将"搭配，表示预先感谢及其感谢的条件。

例如：
如蒙您给予指点，我们将非常感谢。
如蒙贵公司举荐，我们将不胜感激。
如蒙您的支持与帮助，我们将感激不尽。
如蒙协助促成此事，定将重重报答。

四、写作练习

1. 向丁先生介绍本公司新任海外推销部部长××先生，委托帮助筹办新产品展销会、了解当地用户的要求、愿望和市场需求；请求对方帮助推荐一名法律顾问、介绍与有关人士见面。请给丁先生写一封介绍信。
2. 向以前有业务关系的进口单位介绍一位推销员。请求帮助安排与对口单位人士见面、座谈、请求在生活上给以关照。

第4课 致歉①信

一、指　导

在外贸业务往来中，致歉信是经常使用的一种书信。因故②不能履行③合同④，或不能满足对方要求，如不能按期⑤交货、暂时无货可供等，都应写信致歉，讲明原因，请求谅解，以免影响以后的贸易合作关系。

在社交⑥活动中，同行⑦、朋友等邀请你参加典礼、宴会、晚会等，如因故不能前往⑧，也必须在事先或事后给对方写一封致歉信，以免产生误解。

致歉信一般包括以下四方面内容：

1．道歉的事由⑨和表示歉意。
2．说明不能满足对方要求或不能履约的原因。
3．提出补救意见与对方商榷⑩。
4．请求对方原谅（谅解）。

以上四点缺一不可。顺序可根据情况灵活安排。写致歉信一定要及时，不然就失去了意义和作用。

词　语

①致歉	zhì qiàn	apologize to sb.	謝る，遺憾の意を伝える
②因故	yīngù	for some reason	原因があって
③履行	lǚxíng	perform (e.g. duty); put into	実施する，履行する

			effect	
④合同	hétong		contract	契約,契約書
⑤按期	ànqī		on time	期日どおり
⑥社交	shèjiāo		social intercourse; social contact	社交
⑦同行	tóngháng		of the same trade or occupation	同業,同じ畑だ
⑧前往	qiánwǎng		go to; leave for	おもむく,出向く,行く
⑨事由	shìyóu		reason	事由,事のいきさつ
⑩商榷	shāngquè		discuss; deliberate	検計する

二、例　文

例一　因公务不能参加某使馆招待会表示歉意

××参赞:

　　承蒙①邀请我们出席贵大使馆举行的国庆招待会,我代表我的夫人并以我个人的名义特此向您表示衷心的感谢。

　　遗憾的是,因业务关系,我今天要到外地出差②、恕③不能届时出席,为此深表歉意。

　　值此④佳节⑤,请允许我和我的夫人向您,及贵使馆工作人员表示良好的祝愿。

　　顺致

最诚挚⑥的敬意和问候

您的朋友

麦 克

一九九四年九月廿八日

词　语

①承蒙	chéngméng	be indebted (to sb. for a kindness)	……にあずかる
②出差	chūchāi	be on a business trip	出張する
③恕	shù	excuse me; beg your pardon	ゆるしを請う
④值此	zhícǐ	on the occasion of	……にあたる、……に際して
⑤佳节	jiājié	festival; happy festival time	祝日，めでたい日
⑥诚挚	chéngzhì	sincere; cordial	誠意にみちる

例二　因故不能应邀①参加招待会表示歉意和感谢

××先生：

　　敬悉②邀请我参加贵公司创立三十周年招待会，谨致③诚挚的谢意。

　　我知道参加贵公司的招待会是十分重要而有意义的一件快事④。但不巧的是，我近期要参加一个重要会议，并将在会上发言，需提前动身前往深圳会址，招待会时不在北京，无法应邀赴约⑤。非常抱歉，恳望见谅⑥。失去这次宝贵机会，我也深感惋惜⑦。

　　深解⑧先生美意，我将铭记⑨在心。愿我们友谊长存⑩，愿合作关系不断发展。
　　祝
贵公司生意兴隆⑪

钱家森
一九九四年六月九日

词　语

①应邀	yìngyāo	on invitation; at sb's invitation	招きに応じる
②敬悉	jìngxī	know; learn	謹んで拝見いたしました。
③谨致	jǐn zhì	extend, send (thanks, etc.) sincerely	慎んで
④快事	kuàishì	delight; a happening that gives great satisfaction	愉快なこと
⑤赴约	fù yuē	keep an appointment	約束したところへ行く
⑥见谅	jiànliàng	beg your pardon; forgive me	お許しいただく
⑦惋惜	wǎnxī	sympathize with; feel sorry for	惜しむ，残念に思と
⑧深解	shēn jiě	understand deeply	深く理解する
⑨铭记	míngjì	engrave on one's mind; always rem	銘記する

		ember	
⑩长存	chángcún	live forever	長く続く
⑪兴隆	xīnglóng	prosperous; thriving	繁昌する，隆盛だ

例三　因缺货无法如期供应表示歉意

东方贸易公司：

　　很高兴收到贵方三月八日订单。然而，我们深感抱歉的是，由于天气转冷，对羊毛衫的需求①量大大增加，目前我处已无库存。但是，我们的厂商已经答应我们于本月底再供应一批，如果贵方能够等待，进货后我们将及时给贵方发去所需要的十打②货物。

　　由于不能立即满足贵方目前订货，我们深表歉意，谨希贵方予以③谅解。

　　此致

敬礼！

天源贸易公司

一九九四年三月八日

词　语

①需求	xūqiú	demand; requirement	需要，求め
②打（量）	dá	dozen	ダース
③予以	yǔyǐ	give; grant	……を与える，……する

例四　因货物短少，向订货一方表示歉意

××集团公司：

　　我们非常遗憾地从贵方六月十二日来信中得知，我方由"东风"号货轮装运的一百包棉花中少了十包，十分抱歉。对于装运上的差错，谨请接受我们真诚的歉意。

　　现可高兴地奉告①贵方，今晨，我们从有关船运公司获悉②，所遗失的十包棉花，系由于天气突变，须减轻船载③，已在厦门卸货④。目前，我们已安排了"胜利"号货轮将遗失的棉花送达你港。

　　由于延误⑤时间所造成的经济损失，我方愿依约⑥赔偿⑦。

此致

敬礼

上海轻工业进出口公司
一九九四年六月十五日

词　语

①奉告	fènggào	have the honour to inform	ご報告申し上げます
②获悉	huòxī	learn of (an event, ect.)	情報を得る
③船载	chuánzài	the load of a ship	船の積載重量
④卸货	xièhuò	unload	積み荷を下ろす
⑤延误	yánwù	incur loss through delay	遅延する
⑥依约	yī yuē	according to the rules of the con-	契約による

⑦赔偿	péicháng	tract indemnification	弁償する，賠償する舱誇

例五 卖方不能如期发货，向买方致歉

韩国×××公司：

　　根据贵方通过银行开来的信用证①规定，贵方所订货物应于9月15日前发运。尽管我们作了最大努力，及时订了舱位②，但非常遗憾的是，我们从签订合同的航运公司处得知，因天气恶劣，9月15日前没有轮船起航③。我方无法按时运出贵方货物，特此函告④。谨请贵方延长信用证的有效期和装运期，不胜感激。

　　谢谢贵方合作，再一次致以深深的歉意。

北京××服装公司

1994年9月13日

词　语

①信用证	xìnyòngzhèng	letter of credit	信用状
②舱位	cāngwèi	shipping space	シップス・スペース
③起航	qǐháng	set sail	出航する
④函告	hángào	inform by letter	手紙で知らせる

三、常用语例解

1. 承蒙邀请，深表谢意。

"承蒙……深表谢意"一语常用于因故不能赴约、不能满足订货,不能答应聘请、举荐等情况下所写的致歉信中,表示虽不能按对方要求去做,但对对方的好意是深刻理解、非常感谢的。

"承蒙"后边的动词或动词短语所表达的内容是对方的意愿、请求等,是"感谢"的原因,也是向对方道歉的原因。

例如:

承蒙信任,
承蒙举荐,
承蒙订货,　　深表谢意。
承蒙错爱,

表示谢意的词语还有"深表感谢"、"不胜感激"、"感激之至"、"万分感谢"等。

2. 遗憾的是……

"遗憾"是不如意,感到惋惜。

这一短语在致歉信中常用来表达不能满足对方的要求及其理由。语气比较委婉。

例如:

遗憾的是由于去外地开会,不能应邀参加。

遗憾的是今天要到外地出差,不能届时出席宴会。

遗憾的是那天晚上我必须去首都机场迎客。

遗憾的是我已于两个月前应聘作××公司的长年法律顾问,签订了三年合同,故不能接受贵公司的聘请。

在此句式中,"遗憾的是……"还可以说成"不巧的是……"、"深感抱歉的是……"、"非常遗憾的是……"等等。

3. 为此深表歉意。

深：很、十分。"深表歉意"就是"觉得很对不起",是表示道歉的书面语。也可以说成"深感抱歉"、"深感遗憾"、"深感歉意"……

4. 谨希贵方予以谅解。

"谅解"：原谅、理解。常用于致谦信的结尾。意思是请求对方理解自己的难处，并给予原谅。以求不致损害已有的良好关系。

表达上述意思还可以用下面的句子：

谨请谅解。

恳望见谅。

如予以谅解，我将不胜欣慰。

请接受我们诚挚的歉意。

谨致以深深的歉意。

四、写作练习

1. 你作为"南洋"公司的推销部主任，因到外地出差，不能参加"飞龙"公司的宴会，为此写一封致歉信。
2. 你所在的东亚服装公司因缺货无法满足远东贸易公司的订货，也暂时不必寄送样品。请代表东亚服装公司给远东贸易公司写一封致歉信。
3. 因厂家发生火灾，产品受损，不能如期供货，请求延期一周。写一封致歉信，并提出补救办法。

第5课 祝贺信

一、指 导

在对外贸易工作中，如与己方有过业务联系的个人或集团有了喜庆事，如：某人得到晋升①，一家公司或商店开业②，个人或集团取得了特别显著的成就等等，为了密切感情、增进友谊、发展业务关系，都要及时写信祝贺。这种表示祝贺的书信，叫祝贺信。

祝贺信包括以下三个方面的内容：

1. 喜闻对方有了某种喜庆事后自己的心情。
2. 对喜事发生前的功德加以肯定，对喜事的意义加以渲染③和赞扬。
3. 对未来前景和双方关系致以美好的祝愿。

词 语

①晋升	jìn shēng	promote to a higher office	昇進する
②开业	kāiyè	start business	開業する，営業を始める
③渲染	xuànrǎn	play up; exaggerate	物事を大げさに誇張する

二、例　文

例一　祝贺获得荣誉

林木先生：

　　从《人民日报》海外版上获悉您被评为1994年中国经贸系统全国劳动模范，我立即把这好消息告诉了在这里的每一个熟人，他们也都跟我一样高兴，当即委托①我马上写信向您表示祝贺。大家都说您获得这一荣誉当之无愧②。您对工作精益求精③；对朋友满腔热情。每个接触过您的人，都会因受到您的感染而精神振奋④，意气风发⑤。您被评为中国经贸战线上的一面旗帜，必将产生一马当先，万马奔腾的社会效应⑥。

　　作为您的外国朋友和同行，我们向您表示热烈祝贺，并为有您这样的朋友而深感自豪。

　　愿您今后为中国经贸事业的发展作出更大的贡献，为我们双方的贸易合作发挥更大的作用。

　　最后，祝您
万事如意！

东亚公司的日本朋友
田中正刚（代笔）
1994年10月3日

词　语

①委托	wěituō	entrust; trust	頼む
②当之无愧	dāngzhīwúkuì	be worthy of	その名に恥じない

③精益求精	jīngyìqiújīng	keep improving	立派な上に一層立派にする 研究の上に研究を積む
④精神振奋	jīngshén zhènfèn	full of vigour; energetic	精神の活気に満ちている
⑤意气风发	yìqìfēngfā	high-spirited and vigorous	意気が盛んだ
⑥社会效应	shèhuì xiàoyìng	social effect	社会での反応、社会的な効果

例二 祝贺晋升

丁一先生：

　　得知您晋升为忠信贸易公司总经理，十分欣喜。我代表坂田文化工艺品公司的全体成员，向您表示衷心祝贺！在您担任忠信公司海外推销部经理期间，为促进坂田公司与忠信公司贸易事业的发展已作出过卓越的贡献，双方建立了互利互惠①、忠诚信任的密切关系。您的聪明才智②和稳健求实③的工作作风，给我们留下了深刻的印象。

　　现在，您荣升为总经理，必将更有利于施展④您的才干⑤，必将为忠信公司的发展建设作出更大的贡献，必将为发展扩大坂田公司与忠信公司的贸易关系发挥更大的作用。

　　最后，祝您
鹏程万里！
　　祝
忠信公司兴隆昌盛⑥！
　　祝

我们两家公司关系日益密切!

日本坂田公司总经理
坂田文男
1994年5月30日

词　语

①互利互惠	hùlì hùhuì	mutually beneficial	互いに利し、互いに助ける
②聪明才智	cōngmíng cáizhì	intelligence and wisdom	聪明と才能と知恵
③稳健求实	wěnjiàn qiúshí	firm and realistic	穏健で現実の事態を重んずる
④施展	shīzhǎn	put to good use;	発揮する、ふるう
⑤才干	cáigàn	ability; competence	才能、手腕
⑥兴隆昌盛	xīnglóng chāngshèng	prosperous; brisk	繁昌する、隆盛する

例三　祝贺开业

马归山先生:

喜闻①您当了十年海润国际广告公司总经理以后,于今年本月15日单独开办了自己的广告公司——"天马"广告公司。作为您以前的老顾客、老朋友,我代表××电器公司驻北京办事处全体成员,向您表示热烈祝贺! 1994年2月15日,这是个值得纪念的日子,值得庆贺的日子!

您来信中说:"'海润'不是'天马'的冤家②,而是'天马'的摇篮,是'天马'的后盾⑧,是'天马'的协作伙伴"④,表现出您高尚的经营道德,高瞻远瞩⑤的大企业家风度,大海一样宽阔的胸怀⑥。难怪"海润"公司对您的独立开业给予了"莫大的支持和鼓励",这是对您人品的最真实评价。

我相信,凭您的高尚品德⑦和超群的才干⑧,一定会把"天马"经营得如天马行空⑨,得心应手⑩。

祝你

生意兴隆通四海⑪,
财源茂盛达三江⑫!

××电器公司
驻北京办事处
××××
1994年2月20日

词　语

①喜闻	xǐ wén	love to hear	喜んで聞く
②冤家	yuānjia	foe; enemy	かたき,きゅう敵
③后盾	hòudùn	backing; backup force	後だて,後援
④协作伙伴	xiézuò huǒbàn	cooperation partner	協力仲間
⑤高瞻远瞩	gāozhānyuǎnzhǔ	show great foresight	高遠な識見をもつ
⑥宽阔胸怀	kuānkuò xiōnghuái	large-minded	心が広い
⑦高尚品德	gāoshàng pǐndé	noble moral character	気高い品性

⑧超群的才干	chāoqún de cáigàn	preminent ability	群を抜く手腕
⑨天马行空	tiānmǎ xíng kōng	a powerful and unconstrainal style	自由奔放であるさま
⑩得心应手	dé xīn yìn shǒu	handy; with facility	思うようにできる
⑪生意兴隆通四海	shēngyì xīng lóng tōng sì hǎi	Business is booming	商売が隆盛することのたとえ
⑫财源茂盛达三江	cáiyuán mào shèng dá sān jiāng	financial resources is flourishing	商売をやってよくもうけることのたとえ

三、常用语例解

1. 获悉您被评为……，十分欣喜。

    "获悉"：得到消息，知道了某件事。

    在祝贺信中，常用来引出祝贺的缘由。

    例如：

    获悉您荣升为公司总经理，……

    获悉您单独开办了自己的公司，……

    获悉您荣获了国际发明奖，……

    获悉您在世界外贸知识大奖赛上得了金牌，……

    与"获悉"通用的还有"得知""获知"等，再进一步还可以说："喜闻"、"欣闻"等等。

2. ……必将更有利于施展你的才干。

    "必将"：一定会。

在祝贺信中,"必将……"常用来表示喜事的意义和对未来的影响。

例如:

……必将产生一马当先、万马奔腾的社会效应。

……必将对贵公司的发展发挥更大的作用。

……必将对发展扩大双方贸易发挥更大的作用。

……必将为中国的外贸事业的发展作出更大的贡献。

四、写作练习

1. 在对中国贸易业务中,经常与你直接打交道的一位工作人员李文哲被评为全国劳动模范,请你给他写一封祝贺信表示祝贺。
2. 跟你公司有贸易关系的中国开源纺织品出口公司不久前又开办了另一处时装出口分公司。开源公司原商检部主任王中一先生荣任总经理,你给王中一先生写一封祝贺信。

第6课 申请信

一、指 导

外国经济单位在中国政策允许①的范围②内，在中国举办经济、贸易活动，要事先向中国对外贸易或对外经济管理③部门④提交书面申请，经过批准⑤，才能进行经贸活动。这种书面申请都是采用书信的形式，所以叫申请信。

申请信的书写格式与一般书信相同。包括申请信的寄送单位名称、正文、申请单位名称或个人姓名、写信日期四个部分。单位名称要写全称。落款申请单位名称处要加盖公章。

正文部分要写清以下三点内容：

1．申请举办什么活动，即申请的内容。
2．具备⑥什么条件提出上述申请，即申请理由⑦。
3．具体要求和愿望。

写申请信要注意以下三点：

1．申请的理由要写充分、写具体，要有说服力。不具备申请条件的事不要申请。
2．语言要简洁，内容要明确⑧，不要罗嗦⑨重复⑩。
3．态度要谦虚⑪、慎重⑫，实事求是⑬。

词 语

①允许	yǔnxǔ	permit	許可する，認める
②范围	fànwéi	scope; limit;	範囲

		range	
③管理	guǎnlǐ	manage; run	管理
④部门	bùmén	department	部門
⑤批准	pīzhǔn	ratify; approve	批准する
⑥具备	jùbèi	possess; have	備える，持つ
⑦理由	lǐyóu	reason	理由，わけ
⑧明确	míngquè	explicit	はっきりしている明確だ
⑨罗嗦	luōsuo	wordy; troublesome	くどい，くどくどし
⑩重复	chóngfù	repeat; duplicate	繰り返す，重複する
⑪谦虚	qiānxū	modest	謙虚である
⑫慎重	shènzhòng	cautious	慎重だ
⑬实事求是	shíshìqiúshì	seek truth from facts	実際に即して妥当な方法見出す

二、例　文

例一　申请到某公司工作

北京科贝尔化工有限公司：

　　我是一名日本青年，现年27岁，男。四年前毕业于日本东京帝国大学化工①学院。毕业后在日本三井公司下属②的万能化工研究所当助理研究员③，一年后升为工程师④，到万能化工厂工作。由于我祖父和父亲一生致力于⑤日中友好工作（父亲现任北京中日友好医院医生），对我产生极大影响，我自幼喜欢中国文化。近年来，日中贸易迅速发展，对懂中文的贸易人员的需求量越来越大,因此我在父亲的支持下,取得了厂方的同情,放弃了化工厂的工作,于1991年9月到北京语言学院外贸班学了两年中文,今年暑假结业,希望能在北京从事中文工作。

今天,在《北京晚报》上看到贵公司的招聘启事,其中的日文翻译工作吸引了我,我连夜⑥写信,向贵公司正式提出申请。

我有化工专业知识和工程师职称,能胜任化工资料的笔头翻译工作;我通晓⑦日语,了解日本人的心态⑧,又能讲中国普通话,能胜任任何场合的口头翻译工作。

我想,我现有的专业知识和中文水平,再加上我的艰苦努力,如能被贵公司录用⑨,我一定会把工作做得尽善尽美⑩。

殷切盼望回音。

附上近照两张,体检表一份,大学文凭和北京语言学院结业证书复印件各一份,写有我通信处的明信片一张,希望用它通知我面试。如果电话通知,我住处的电话是:

2017531—348

申请人:松村文男

1993年8月25日

词　语

①化工	huàgōng	chemical industry	化学工業
②下属	xiàshǔ	subordinate	下役,部下
③助理研究员	zhùlǐ yánjiūyuán	associate researcher	研究員補佐
④工程师	gōngchéngshī	technician	技師
⑤致力于	zhìlì yú	devote oneself to; work for	…に力を注ぐ,
⑥连夜	liányè	the same night; that very night	数夜つづいて その夜すぐに, 夜を日についで

⑦通晓	tōngxiǎo	be proficient in	通暁する、通じる
⑧心态	xīntài	state of mind	心の状態
⑨录用	lùyòng	employ	採用する
⑩尽善尽美	jìnshàn jìnměi	perfect	善美の極致を尽くす

例二　申请在中国合资办广告公司

中华人民共和国对外经济部：

　　本公司经营承揽①、代理②、设计、制作广告业务，至今已有200多年的历史。现有精通③各类产品技术的专家及广告制作④专门人才4700多，其中50%在国外分公司工作。我们在南美、非洲、南亚、西亚都设有分公司，并获得普遍赞誉。

　　近年来，我们注意到中国的广告事业越来越受到重视，我公司愿与中国广告公司在中国合资经营广告业务，与中国广告研究人员、广告工作者共同切磋⑤广告技艺⑥。

　　我们相信，如能共同合作，定会对中国产品打入国际市场起推动作用。

　　如我们的申请能获批准，在经营活动中我们会充分考虑贵方的利益，使贵方感到满意，并与贵方愉快合作。盼望早日得到答复。

美国海利达广告公司
1994年10月23日

词　语

| ①承揽 | chénglǎn | contract to do a job | 引き受ける、請負う |

②代理	dàilǐ	act as agent	代理
③精通	jīngtōng	have a good command of; master	精通する
④制作	zhìzuò	make; manufacture	作る，製造する
⑤切磋	qiēcuō	consult; exchange views	みがきあい研究しあう
⑥技艺	jìyì	skill; artistry	技巧，技芸，テクニック

例三 申请在中国举办商品巡回展览

中华人民共和国经济贸易部：

　　自中国改革开放政策实行以来，我们注意到中国广大农村已从集体生产改为个体生产。

　　本公司经营机械进出口业务，至今已有近百年的历史，产品销往世界各地，受到一致好评。客户普遍认为，本公司经营的产品质量可靠，用料精良①，经久耐用②，物美价廉③。本公司经销④的小型农业机械，小巧⑤、灵便⑥、易于操作⑦，适合中国农村改革后的个体农户在小面积农田上使用。本机械只要调换⑧局部⑨零件⑩，就可具有犁⑪、耙⑫、耕⑬、种⑭、锄⑮以及收割⑯、运输等多种功能⑰。此种机械符合中国国情，有利于中国农业的发展。

　　为了让中国用户亲眼看到我们的产品，本公司申请在中国举办一次为期一个月的小型农业机械设备巡回展览。

　　此申请如能获得批准，定会有助于加快实现中国"在本世纪末粮食产量翻两番"的宏伟目标。

希望早日听到贵部的肯定答复。

日本富士机械公司
1994年10月15日

词　语

①精良	jīngliáng	excellent; of the best quality	精良だ，優秀だ
②经久耐用	jīngjiǔ nàiyòng	durable	衰えないで長持ちする
③物美价廉	wùměijiàlián	the product is good and the price is cheap	品物もよくて値段も安い
④经销	jīngxiāo	distribute; deal in	取り次ぎ販売をする
⑤小巧	xiǎoqiǎo	small and exquisite	小さくて精巧だ
⑥灵便	língbiàn	nimble; handy	ちょうほうである
⑦操作	cāozuò	operate; manipulate	取り扱う，操作する
⑧调换	diàohuàn	exchange	取り替える，交換する
⑨局部	júbù	part	一部分，局部
⑩零件	língjiàn	spares; spare parts	部品
⑪犁	lí	plough	
⑫耙	bà	harrow	まぐわ
⑬耕	gēng	plough; till	耕す

⑭种	zhòng	plant; grow	植える，種をまく
⑮锄	chú	hoe	すき
⑯收割	shōugē	harvest; gather in	刈り入れる，刈り取る
⑰功能	gōngnéng	function	功能，機能

三、常用语例解

1. 本公司经营机械进出口业务。

　　"经营"就是筹划和管理。常与"业务"、"企业"、"商业"等等搭配。

　　"本公司经营……业务"一语，常用于申请信中，作为介绍自己的业务性质、经营范围、产品声望等的开头语，用来申述提出申请的主观条件。

　　例如：
　　本公司经营服装加工、出口业务。
　　本公司经营纺织品进出口业务。
　　本公司经营土畜产品加工出口业务。
　　本公司经营文化用品出口业务。

2. 我们注意到中国广告事业越来越受到重视。

　　"注意到"表示一直在密切关注，对方的每一点变化都看到了。

　　"我们注意到……"常在申请信中用来申述提出申请的客观条件。

　　例如：
　　我们注意到贵国对外开放的经济政策。
　　我们注意到贵国吸引外资的政策。

我们注意到中国农业政策的变化。

我们注意到贵国近年来经济发展很快。

3. 我们的申请如能获得批准，定会对中国农业发展起促进作用。

"如能……（一定）会……"这一句式常用于申请信的结尾部分，用来说明自己的申请会给对方带来的好处，也是对事情结果的预言，目的是敦促对方批准申请。

例如：

此申请如能获得批准，我们会充分考虑贵国利益的。

如能被录用，我定会把工作作得尽善尽美。

如能共同合作，定会对中国商品打入国际市场起推动作用。

我们的申请如能被批准，我们将竭力为中国实现四个现代化作出贡献。

四、写作练习

1. 你今年暑假就将在语言学院毕业了，毕业后想到北京的××公司当翻译，你试着用中文给××公司写一封申请信。
2. 日本××电器公司希望在中国福州与中国合资经营一家电视机厂，请你给中国外经部写一封申请信。
3. ××国××包装品制造公司申请在北京举办一次包装品及其制造机械综合展览会，请你代他们向中国外贸部提出书面申请。

第二单元 商品宣传

第7课 文字广告①

一、指　　导

文字广告一般由标题②、正文③和结尾④三部分组成。

1. 标题

广告的标题十分重要，有时标题可以独立⑤完成宣传任务，有人作过调查，人们看广告时，五人中就有四人只看标题。广告的标题有三种：直接⑥性标题、间接⑦性标题和复合⑧性标题。

直接性标题是通过标题醒目⑨地告诉人们广告所提供的产品和这种产品的突出特长⑩。最简单常见的直接性标题就是以厂商和产品名称命题⑪。如"康巴斯石英钟⑫"、"北京仿古地毯⑬"、"上海桑塔那轿车"等等。

间接性标题是用巧妙⑭的方法，引起人的好奇心⑮，使人不由自主地去阅读广告正文，从而达到宣传的目的。如"一毛不拔⑯"，用做牙刷的广告标题，"百闻不如一见⑰"用作电视机的广告标题，"口服心服⑱"用作饮料的广告标题。湖南湘潭"天仙"牌电扇的广告标题是"实不相瞒⑲，天仙的名气是吹⑳出来的"。"吹"字极妙。

直接性标题对商品的名称、特点、可获得的好处都在标题中表达出来，一看标题便一目了然㉑，使人无须再看广告正文。

间接性标题看不出提供的是什么商品，只是引起人们的好奇心，吸引人去读广告正文。但在人无暇㉒细读时，就达不到宣传目的。于是又出现了第三种广告标题：复合性标题。

复合性标题是采用间接性标题为正标题，直接性标题为副标题。例如：

从12月23日起，大西洋将缩短20%。
——请坐E．L．A．L 921航班

留下山，留下水，留下青春㉓留下美
——华北光学仪器厂的诺林卡
照 相 机

不论哪种标题，都要尽可能使人读后留下深刻印象，并感到有利可图㉔。

2．广告的正文

广告的正文一般包括两方面的内容：①对标题的解释㉕；②对商品的性能㉖加以证实㉗。

解释标题要突出产品特长，从而产生一种推动力，促使人购买，或产生良好的印象。同时必须列出有说服力的证据㉘。广告立意要新颖，给人一种清新㉙、独特、别具一格㉚的印象，从而使人产生购买欲㉛。

3．结尾

敦促㉜或劝告人们购买；介绍商品种类、规格和价格㉝；介绍购买的地点、电话、邮购㉞方式、优惠条件㉟、联系人等。

词 语

①广告	guǎnggào	advertisement	広告
②标题	biāotí	title	見出し
③正文	zhèngwén	main body (of a book etc.)	本文，正文

④结尾	jiéwěi	the end	結末，終り
⑤独立	dúlì	independent	独立する
⑥直接	zhíjiē	directly	直接
⑦间接	jiànjiē	indirectly	間接
⑧复合	fùhé	compound	複合
⑨醒目	xǐngmù	attract attention; be striking	人目を引く，目立つ
⑩特长	tècháng	speciality; strong point	特長
⑪命题	mìngtí	assign a topic	命題，出題する
⑫石英钟	shíyīngzhōng	quartz o'clock	水晶時計
⑬仿古地毯	fǎnggǔ dìtǎn	a carpet imitating that of the ancient time	古代模様じゅうたん
⑭巧妙	qiǎomiào	ingenious	巧みだ，上手だ
⑮好奇心	hàoqí xīn	curiosity	好奇心
⑯一毛不拔	yì máo bù bá	unwilling to give up even a hair very stingy	一文の金も出ししぶる
⑰百闻不如一见	bǎi wén bù rú yíjiàn	ot is better to see ince than hear a hundred times	百聞は一見にしかず
⑱口服心服	kǒufú xīnfú	be sincerely convinced	心底から敬服する
⑲实不相瞒	shíbùxiāngmán	to tell the truth	本当に偽りは申しません
⑳吹	chuī	brag; break up	吹聴する，ほめそやす

㉑一目了然	yīmù liǎorán	be clear at a glance	一目瞭然
㉒无暇	wúxiá	have no time	時間がない，ひまがない
㉓青春	qīngchūn	youth	青春
㉔有利可图	yǒu lì kě tú	be profitable	有利である，ぼろいもうけができる
㉕解释	jiěshì	explain	説明する，釈明する
㉖性能	xìngnéng	function	性能
㉗证实	zhèngshí	confirm	証拠だてる，実証する
㉘证据	zhèngjù	proof	証拠
㉙清新	qīngxīn	pure and fresh	さわやかで新鮮だ
㉚别具一格	biéjùyìgé	have a unique style	独特な風格を備えている
㉛购买欲	gòumǎi yù	purchasing desire	購入欲
㉜敦促	dūncù	urge; press	丁寧に促がす
㉝价格	jiàgé	price	価格
㉞邮购	yóugòu	mail-order	通信購入する
㉟优惠条件	yōuhuì tiáojiàn	favourable terms; soft terms	特恵条件

二、例 文

例一 华北光学仪器厂生产的诺林卡照相机

诺林卡,为孩子留下天真①的童话②;
诺林卡,为青春留下迷人③的年华④;
诺林卡,为奋斗⑤留下成功⑥的足迹⑦;
诺林卡,为生活留下欢腾⑧的浪花⑨。
诺林卡使您的昨天如诗如画⑩!
您要将迷人的瞬间⑪永远留下,
请选购诺林卡!

词 语

①天真	tiānzhēn	innocent	無邪気だ,あどけない
②童话	tónghuà	fairy tales	童話
③迷人	mírén	fascinate	人を迷わせる,人を陶酔させる
④年华	niánhuá	time; years	光陰,歳月
⑤奋斗	fèndòu	struggle; fight	奮闘する
⑥成功	chénggōng	success	成功する
⑦足迹	zújì	track; footprint	足あと
⑧欢腾	huānténg	great rejoicing	狂喜する,喜びにわきかえる
⑨浪花	lànghuā	spray; spindrift	波しぶき
⑩如诗如画	rúshīrúhuà	like poetry and painting	詩のように画のように

⑪瞬间　shùnjiān　in the twinkling　瞬間
　　　　　　　　of an eye

例二　新型①快速②冷热淋浴③器

　　本品采用④先进技术⑤和优质材料⑥制成，能代替⑦锅炉⑧供应热水。自来水进入本器即能自动供电，十秒钟后，连续⑨流出热水，水温在36°C——52°C。对人体绝对⑩安全，耗电量⑪极少。凡是有220V电源与自来水的单位、家庭均可安装使用。无自来水地区，把水箱升高⑫三米以上，也能使用。

　　购一只：无小喷头⑬17.50元
　　　　　　带小喷头20.00元
　　每包装20只，购一只加邮费3.00元
　　单个⑭包装加邮费15.00元
　　现货供应⑮，代办托运⑯，
　　保用⑰半年，款到发货。

浙江省永嘉县电动机厂
电报：6654
联系人：葛宗仁

词　语

①新型	xīnxíng	new type; new pattern	新タイプ
②快速	kuàisù	fast; quick;	高速度
③淋浴器	línyùqì	shower machine	シャワー器具
④采用	cǎiyòng	adopt	採用する
⑤先进技术	xiānjìn jìshù	advanced techniques	先進技術

55

⑥优质材料	yōuzhì cáiliào	high quality material	すぐれた質の材料，上品な原料
⑦代替	dàitì	replace	代える
⑧锅炉	guōlú	boiler	ボイラー
⑨连续	liánxù	continue	続く，連続する
⑩绝对	juéduì	absolutely	絶対
⑪耗电量	hàodiànliàng	amount of power consumption	電気消費量
⑫升高	shēnggāo	go up	高く登る，高く上がる
⑬喷头	pēntóu	shower nozzle	シャワー噴射口，ノズル
⑭单个	dāngè	an odd one; alone	一つだけ，片割れ
⑮现货供应	xiànhuò gōngyìng	spots supply	現物を提供する
⑯代办托运	dàibàn tuōyùn	forwarding operation	運送代理，託送代行する
⑰保用	bǎoyòng	ensure	ある期間は故障があった場合、無料で修理することを保証する。

例三　口吃、结巴，请用电子①口吃矫正器②

"同…同…同志，您…您好!"朋友，当您连问句好都困难时，您肯定在为患③有口吃而烦恼④、悲伤⑤。我厂专家研制生

产的电子口吃矫正器将能为您解除⑥烦恼与悲伤。这种器具经省级医院临床验证⑦,经广大口吃患者使用证明,疗效显著⑧。是口吃患者获得语言新生的良好工具。本产品已通过省医药理部管门鉴定⑨,省与县医学专家⑩一致认为,它是国内治疗口吃方法上的一大创新⑪。电子口吃矫正器生产以来,荣获浙江省名、优、新、特产品金鹰奖、省青年科技成果二等奖、"家家乐"全国创新三等奖。

　　本品现已在全国各省城最大的医疗器械商店出售。来信必复,欢迎来信。

浙江天台凯迪创新实验厂
电话:2727　　电挂:8855

词　语

①口吃	kǒuchī	stummer	どもり,どもる
②矫正器	jiǎozhèngqì	a machine for correcting sth	きょうせいする器具
③患	huàn	contract; suffer from	患う
④烦恼	fánnǎo	be worried	悩み,悩む
⑤悲伤	bēishāng	sad; sorrowful	悲しむ
⑥解除	jiěchú	remove; relieve; get rid of	取り除く

57

⑦临床验证	línchuáng yàn zhèng	verify through clinical test	臨床驗証
⑧疗效显著	liáoxiào xiǎn zhù	have a good curative effect	治療効果がすばらしい
⑨鉴定	jiàndìng	identify	鑑定する，評定する
⑩专家	zhuānjiā	expert	專門家
⑪创新	chuàngxīn	blaze new trails.	新機軸を出す

例四
神奇①特效②美容③雀斑露将使您俊美④满意

　　光滑⑥细腻⑦的面容⑧，会给您增添美色。如果您脸上生有雀斑，请用强力⑨特效药物化妆品⑩"速效美容雀斑露"。本品选用名贵中草药和高级化学原料，用特种工艺⑪精制而成。经临床447例验证⑫，对祛除⑬雀斑有独特功效，一次脱落⑭不留疤痕⑮。无副作用⑯。七天可恢复⑰正常⑱肤色⑲。经省工业厅鉴定注册⑳，国家工商局注册。本品已在欧洲许多国家推广，深受广大用者好评。

　　每瓶售价7.50元，3瓶以上每瓶售价7.00元。

　　我厂办理邮购业务。邮局汇款㉑，款到发货，免费邮寄。如无治疗效果㉒，我厂负责用户一切经济损失㉓。愿为您服务。

　　厂址：泊头市交河保健器械厂
　　汇款地址：河北省泊头市交河西关146号
　　联系人：石虹（供销科）

词　语

| ①神奇 | shénqí | magical | 奇妙だ．奇抜だ |

②特效	tèxiào	specially good effect	特効
③美容	měiróng	cosmetic	美容
④雀斑露	quèbānlù	freckle powder	そばかすを取り除くクリーム
⑤俊美	jùnměi	pretty	美しい
⑥光滑	guānghuá	smooth	滑らかでつやがある
⑦细腻	xìnì	fine and smooth	きめが細かい
⑧面容	miànróng	facial features	容貌，顔かたち
⑨强力	qiánglì	powerful	強い，強力
⑩化妆品	huàzhuāngpǐn	cosmetics	化粧品
⑪工艺	gōngyì	technology; craft	製造技術，手工芸
⑫验证	yànzhèng	test and verify	験証する
⑬祛除	qūchú	dispel	駆除する，払いのける
⑭脱落	tuōluò	come off	落ちる，抜ける
⑮疤痕	bāhén	scar	傷跡
⑯副作用	fùzuòyòng	by-effect	マイナス作用
⑰恢复	huīfù	recover; return	回復する
⑱正常	zhèngcháng	normal	正常
⑲肤色	fūsè	colour of skin	皮膚の色
⑳注册	zhùcè	register	登録する
㉑汇款	huìkuǎn	remittance	送金する，送金為替をくむ
㉒治疗效果	zhìliáo xiàoguǒ	therapeutic effect	治療効果
㉓经济损失	jīngjì sǔnshī	economic loss	経済損失

三、常用语例解

1. 本品采用先进技术和优质材料精制而成。"采用"：选择好的、合适的拿来使用。"采用……（动词）而成"在广告中常用来说明产品的质量，包括用料精良、制作技术先进、工艺独特等等，以突出产品的特长，吸引人购买。

    例如：

    本品采用名贵中草药和高级天然营养素精制而成。

    本品采用自然界的高级山参和优质蜂王浆，经特殊工艺加工提炼而成。

    本品采用中国产优质大豆、新鲜牛奶、巴西上等可可粉，精心配制而成。

    "西飞"滑雪板采用超轻、坚韧新型合金材料和航空工艺技术精制而成。

    "而成"之前须有动词，据上例，除"精制"外，还可以说："提炼而成"、"配制而成"等等。

2. 经省级医院临床验证和广大口吃患者使用证明，疗效显著。"验证"：经过使用、实践，得到证实。"经……验证"与后边理想的结果相搭配，常用在文字广告正文中，作为产品特长的有力证据。

    例如：

    本品经临床447例验证，祛除雀斑有特效。

    本品投放市场后，经400例调查验证，使用时间是同类产品的2—3倍。

    锌酸蜂王浆经3年跟踪调查验证，420例服用者每人每年平均身高增长7.8厘米。

    本电子识字机经实践验证，对幼儿认字确实行之有效。

3. 电子口吃矫正器生产以来，荣获名、优、新、特产品金鹰奖、青年科技成果二等奖、"家家乐"全国创新三等奖。

"荣获"：在大范围的评比或比赛中光荣地获得某种荣誉、奖励。

"荣获……奖"常在广告正文中用来作为产品优质、先进的可靠证据，说服力强。

例如：

双洋大曲（一种白酒）连续六年荣获农林部优质产品奖。

"维力"饮料荣获1984年河北省科技成果一等奖，1988年荣获国家体委颁发的运动营养金奖。

劳山矿泉水多次荣获全国最佳无糖饮料奖。

四、写作练习

1. 为你最喜爱的、你们国家生产的一种名优产品作一则广告。
2. 为你喜欢的一种中国食品作一则广告。
3. 为一种新设计的服装作一则广告。

第8课 联系刊播广告

一、指 导

在出口商品的进口地进行广告宣传,是扩大产品影响、打开产品销路①、促进出口的一种行之有效②的贸易手段。

要想在进口地刊登④或者广播⑤自己的出口商品广告,首先必须通过信函了解进口地的报刊或广播、电视的具体情况,然后提出自己的希望和打算,请求有关方面协助办理。

联系刊播出口商品广告的信函一般包括以下四点内容:

1. 坦诚地说明刊播广告的目的、愿望。
2. 提出自己的构想,有时还应征询对方的意见。
3. 详细具体地说明请求对方提供哪些帮助,列举所需要帮助的每一个项目。
4. 表明自己殷切盼望达到目的心情,并对对方的帮助表示感谢。

词 语

①销路	xiāolù	sale; market	売れ行き,販路
②行之有效	xíngzhī yǒuxiào	effectual	行なえば効果がある
③手段	shǒuduàn	means; trick	手段,手だて
④刊登	kāndēng	publish in a newspaper or magazine	載せる,載る

⑤广播　　　　guǎngbō　　　broadcast　　　放送する

二、例　文

例一　向进口单位询登广告

北京电器进出口公司：

　　为了使贵地的广大用户了解我产品的性能和特点，促进我产品在贵地的销售，本公司打算在贵地刊登广告。根据我方产品的具体情况，我们认为在专业杂志或与此专业有关的刊物①或报纸上登载②为好。特请贵方提供此类杂志、刊物或报纸的名称、内容、发行③份数、广告费率④等资料⑤，以便进一步联系。

　　望速来信。无任感谢。

日本先锋公司
1993年5月15日

词　语

①刊物	kānwù	publication	出版物，刊行物
②登载	dēngzǎi	publish; carry	登載する，掲載する
③发行	fāxíng	put on sale; issue	発行する
④费率	fèilù	cost rate	費率
⑤资料	zīliào	data; material	資料

例二　委托刊登广告

北京电器进出口公司：

来函收悉。感谢贵方提供情况。我们同意贵方的建议，将广告登在《北京晚报》上，根据该报广告费率，我们认为每周刊登两次为宜①。恳请联系登在周六和周日的广告版上，连续刊登四周。广告一经登出，我们即寄去费用。

如蒙登在醒目位置上，将不胜感激。

拜托！拜托！

广告图文如下：

音响杰作登峰造极

如此地令人入迷④，那般地让人陶醉⑤！音响的先锋——日本先锋⑥公司，历史悠久，刻意求新⑦，以激光技术为代表的精湛⑧科技，不断地创造出一个个音响的新纪元。纯美的音色、富有韵味⑨的环绕⑩音效⑪、充满时代气息的伴唱功能，定为您的生活奏出一首首欢乐的歌！

Ⓟ PIONEER 先锋
The Art of Entertainment

词　语

①为宜	wéiyí	fitting; appropriate	適当だ，よろしい，ふさわしい
②杰作	jiézuò	masterpiece	優れた作品
③登峰造极	dēng fēng zào jí	reach the peak of perfection	最高峰に達する
④入迷	rùmí	be enchanted	夢中になる
⑤陶醉	táozuì	be intoxicated; revel in	陶酔する，うっとりする
⑥先锋	xiānfēng	poineer	先鋒，前衛
⑦刻意求新	kè yì qiú xīn	sedulously strive for new things	極力新しい物，良い物を求める
⑧精湛	jīngzhàn	consummate; exquisite	詳しくて深い
⑨韵味	yùnwèi	lingering charm	味わい，おもむき
⑩环绕	huánrǎo	surround; encircle	取り囲む，めぐる
⑪音效	yīnxiào	sound effects	音楽効果

例三　请进口单位联系电视播发广告

四通公司：

　　为了促进我产品在贵地的销售，我们设想①，在贵方下一批订货到达后，在一段时间内，通过电视集中播放我产品广告。请来信告知贵处电视台的有关情况，包括节目安排、观众爱好、收视率最高的节目、插播②广告的费用及技术要求等等。

现寄上广告录相带一盘，日语解说词一份，解说词翻译及汉语配音，拜托贵方代为办理。一应费用，俟广告播出，一并寄送。

谢谢贵公司的合作。

日本××电器公司
1994年3月10日

词　　语

①设想	shèxiǎng	assume; tentative idea	想像する，仮想する，考慮する
②插播	chābō	insert broadcasting	テレビの番組の途中に、広告等を放送する

例四　向报社询登广告

中国消费者报：

我们非常希望同贵地各乐器经销商建立直接联系，以便推销我们的产品，恳请①贵报从5月1日起，用5.6.7三个月的时间，连续为我公司刊登一份广告。

广告图文如下：（见P.67）

广告一经刊出，我方即缴付费用。如蒙把广告登在贵报显著位置上，将深为感激。

至盼，至盼。

日本雅马哈电子有限公司
1994年4月5日

制造乐器拥有百余年历史的雅马哈

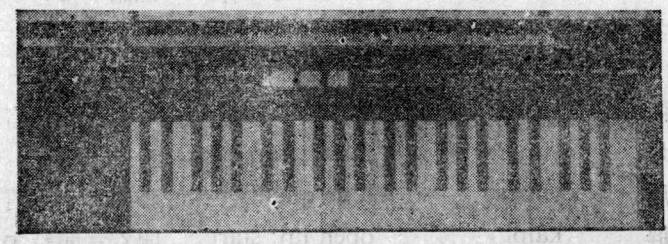

天津雅马哈电子乐器有限公司
天津经济技术开发区洞庭路130号

- 表现踏板：可在演奏②中自由增减音量，丰富电子琴的表现力。
- 音阶③升降：在演奏中随意按下提升键，整个键盘音域可提高八度，扩展为61琴键的音域④。
- DASS音源：采用大规模集成电路最新数字技术，保证了出色的音质⑤，助您开辟⑥孩子的音乐途前。

词　语

①恳请	kěnqǐng	earnestly request	懇請する
②演奏	yǎnzòu	play a musical instrument	演奏する
③音阶	yīnjiē	scale	スケール，音階
④音域	yīnyù	range; compass	音域
⑤音质	yīnzhì	tone quality	ねいろ，音質
⑥开辟	kāipì	open up; start	開く．開設する．開拓する

三、常用语例解

1. 为了使贵地广大用户了解我们产品的性能和特点，我公司打算在贵地刊登广告。

   "为了……"表示目地。"打算"表示个人的想法、愿望。"为了……打算……"这一句式，在询登广告的信函中常用来说明刊播广告的目的和愿望。

   例如：

   为了扩大我产品在贵地的销售，我们打算在贵地刊播广告。

   为了扩大我产品在贵地的影响，我们打算在一周内集中播放最新产品的广告。

   为了促进我产品在贵地的销售，我们打算在贵报刊登一则广告。

2. 根据我产品的具体情况，我们认为在专业杂志上登载为好。

   "根据……，认为……"这一句式在联系刊登广告的信函中，常用来提出自己的构想，与对方商量。

例如：

根据我方产品的具体情况，我们认为在电视上播放为好。

根据我产品的性质，我们认为在北京晚报上登载为好。

根据我产品的使用范围，我们认为，同时登在北京、深圳、广州、上海四大城市的地方报纸上为好。

根据我产品的性质，我们认为登在农民报上为好。

3. 如蒙把广告登在显著的位置上，将深为感激。

"如蒙……"是用委婉的口气，向对方提出要求和希望；"将……"是预先表示感谢。

例如：

如蒙把广告登在引人注目的版面上，我们将感激不尽。

如蒙把广告登在突出的版面上，我们将十分感谢。

如蒙把广告登在显眼的位置上，我们将无限感谢。

需要电视播放时，可以说：

如蒙把广告安排在新闻联播之后，我们将……

如蒙把广告插播在文艺节目中间，我们将……

如蒙把广告安排在室内电视剧中间插播，我们将感谢之至。

紧接下一句是：

……我们将不胜感激。

……我们将不胜感谢。

……我们将无任感谢。

……我们将感激不尽。

四、写作练习

1. 美国百事体育用品公司向李宁体育用品公司询问如何在广州刊登广告。请你代为美国公司给李宁体育用品公司写一封询问信。
2. 印度恒河公司委托中国黄河公司在《北京晚报》上刊登广告，请你写一封委托信。
3. 日本夏普电器公司委托北京电视台为他们播发录像机的广告：

   声宝牌ＳＨＡＲＰ｛夏普｝

   　　夏普又一科技创意

   　　中置驱动钛表层磁鼓录象机

   　　中置驱动底盘系统令磁带走

   动更加平稳，免除谐振，保

   证为您提供绝对卓越的影象

   效果。
4. 日本JVC公司向广州《羊城晚报》询求刊登电视机广告。广告全文请你代写出。

第9课 商品说明书

一、指　导

　　商品说明书，是一种具有说明和推广作用的应用文体。常用来说明商品的用途①、规格、性能和使用方法等。说明书，一般是用来宣传新产品的特点②和新技术的成就，应把新产品或新技术的用途、性能、规格、使用或保养③注意事项、修理方法等写清楚。有的还介绍产品的结构④或操作原理⑤。并附有⑥图表⑦，商品说明书多是印在包装纸（盒）上，有的附有专门的文字说明。

　　说明书的一般写法：
　　1．说明书的名称⑧写在上端的正中间，上下各空一行。
　　2．说明书的正文根据内容可分段写，每段开头空两格。
　　3．说明书的末尾注明生产厂家。
　　写说明书应注意：
　　1．语言要简练。说明书的语言要高度概括、精炼，又要清楚、明白，使人看了一目了然。
　　2．要通俗⑨易懂。为了让不同文化层次的购买⑩者、使用者都能看懂，文字要力求⑪通俗易懂。
　　3．要准确⑫无误。说明书是说明产品的用途、性能、规格、使用方法、注意事项、贮存、保养等的关键条文，事关重大。如表达不准确，引起误解，就会造成严重后果，同时也会影响产品的信誉。

词 语

①用途	yòngtú	usage	使い道，用途
②特点	tèdiǎn	characteristic	特長
③保养	bǎoyǎng	keep in good repair	手入れをする，修理調整する
④结构	jiégòu	constructure	構造
⑤操作原理	cāozuò yuánlǐ	operating principle	操作原理
⑥附有	fùyǒu	add	付け加える，付随する
⑦图表	túbiǎo	diagram	図表
⑧名称	míngchēng	name	名称
⑨通俗	tōngsú	common; popular	分かりやすい
⑩购买	gòumǎi	purchase; buy	購買，買いとる
⑪力求	lìqiú	make every effort to	できるだけ…するようにする
⑫准确	zhǔnquè	accurate	正確
⑬信誉	xìnyù	reputation	信用と名誉

二、例 文

例一 麦乳精说明书

麦乳精①

本品系用麦精、牛奶、可可、鸡蛋、葡萄糖②等优质原料③

配制④而成。含有足量⑤的蛋白质⑥，脂肪醣类⑦、及维生素⑧甲、乙磷质⑨等。具有增强⑩抵抗力⑪、恢复健康、促进体质之功效⑫。对年老、体弱、病人、婴儿等，尤为⑬理想⑭饮料⑮。

用法：取本品二至三汤匙⑯放入杯内，用开水冲溶⑰，稍加搅拌，即可饮用，如在夏季用冷开水冲饮也可。

注意：用后盖严，存放干处。

北京牛奶公司西郊乳品厂

词　语

①麦乳精	màirǔjīng	extract of malt and milk	麦芽乳濃縮液
②葡萄糖	pútáotáng	glucose	ブドウ糖
③优质原料	yōuzhì yuánliào	high quality raw material	上質な原料
④配制	pèizhì	make up	配合して作る
⑤足量	zúliàng	sufficient in amount	十分な 豊富な
⑥蛋白质	dànbáizhì	protein	タンパク質
⑦脂肪糖类	zhīfáng tánglèi	fat sugar	脂肪糖類
⑧维生素	wéishēngsù	vitamin	ビタミン
⑨磷质	línzhì	of phosphorus	リン脂質
⑩增强	zēngqiáng	strengthen	強める，強化する
⑪抵抗力	dǐkànglì	resistance to disease	抵抗力
⑫功效	gōngxiào	effect	効果，ききめ
⑬尤为	yóuwéi	especially	とくに

⑭理想	lǐxiǎng	ideal	理想
⑮飲料	yǐnliào	drinks	飲み物
⑯汤匙	tāngchí	spoon	スープ・スプーン
⑰冲溶	chōngróng	melt by pouring boiling water	湯で溶ける
⑱稍加	shāojiā	a bit; slightly	ちょっと

例二 "华姿"洗发香波① 说明书

华姿香波

本品系采用世界著名的日本资生堂化妆品公司研制②的配方③，在资生堂技术指导下生产的高级产品。

特点：洗发香波泡沫④丰富⑤、滑润⑥感好，适量使用可洗净头发并有止痒⑦去屑⑧作用。洗后头发蓬松⑨、光润⑩、柔顺⑪，并有优雅⑫的香气。

本品选料⑬严格⑭，有优异⑮的安全感⑯。

使用方法：先把头发浸湿⑰，取本品适量于手中，涂在头发上搓洗，然后用净水冲洗干净即可。

中国北京丽源日用化学厂制造

词 语

①香波	xiāngbō	shampoo	シャンプー
②研制	yánzhì	manufacture; prepare	開発する
③配方	pèifāng	directions for producing chemicals or metal-.	調合法

		lurgical products	
④泡沫	pàomò	foam; froth	あわ，泡沫
⑤丰富	fēngfù	plentiful	豊富な，多い
⑥滑润	huárùn	smooth	滑らかで潤いがある
⑦止痒	zhǐyǎng	stop the itching	かゆみを止める
⑧去屑	qùxiè	dispel bits	ふけをとりのぞく
⑨蓬松	péngsōng	puffy	ふくれてふわふわしている
⑩光润	guāngrùn	smooth	つやつしている，つややかだ
⑪柔顺	róushùn	meek	柔順だ
⑫优雅	yōuyǎ	fine and refined	優雅だ，上品だ
⑬选料	xuǎnliào	select materials	材料を選ぶ
⑭严格	yángé	strict	厳格である，きびしいとくにすばらしい
⑮优异	yōuyì	good	
⑯安全感	ānquángǎn	sense of security	安全感
⑰浸湿	jìnshī	soak steep	湿る

例三 高效防蛀卫生香片说明书

高效防蛀卫生香片

本产品参考国内外有关资料研制而成，含有增效剂，其杀虫效果为常用樟脑精和卫生球的三倍。适用于毛料、皮毛、书籍等物，防止虫蛀，对蟑螂也有驱杀效果。还可用于宾馆、家庭的卫生间，具有除臭效能，芳香宜人。使用方便，对人、物安全。

使用方法：

先将外面的塑料袋剪开，取出内袋，放在你所需要的地方（内袋不宜剪破），如要加强效力，可在内袋上用针刺孔。

注意事项：

不得入口，不得和食物、茶叶、香烟放在一起。

天津市大港区振兴化工厂

例四　"光明"牌"一洗黑"洗染香波说明书

一洗黑洗染香波

光明牌"一洗黑"。为北京日化五厂首创，是全国销量最大的染发用品，被誉为①现代染发产品之王，畅销国内外。

特点：

1. 可将白发一次染黑。
2. 无铅、无毒，洗发、染发、护发功能齐全。
3. 保存期长、物美价廉。
4. 使用和携带方便。

使用方法：

用温水将头发润湿，带上塑料手套，将Ⅰ剂Ⅱ剂剪开，倒在手心或容器内混合，加入少量温水搅拌成糊状后，立即均匀地涂擦在头发上，并揉搓至起泡沫，停留10—15分钟，用水洗净。然后将适量护发素，按摩②在头发上约两分钟后冲洗干净即可。

注意事项：

1. 初次染发需做过敏实验③。其方法是：取少量Ⅰ剂Ⅱ剂粉沫用水混合，涂于手腕内侧或耳后，如二十四小时无红肿、痛痒等状，即可使用。
2. 头皮在破伤时，暂停使用。

3. 防止液体流入眼内。

4. 调配药粉请用温水,调匀后请勿放置过长时间。泡沫颜色若偏绿色,不影响染发。

5. 本品宜在低温、阴凉干燥处保存。

保质期一年。

中国北京丽源公司日用化学五厂

词　语

①誉为	yùwéi	be praised as	ほめたたえる
②按摩	ànmó	massage	マッサージ
③过敏实验	guòmǐn shíyàn	allergy test	アレルギー実験

三、常用语例解

1. 本品系采用世界著名的日本资生堂化妆品公司研制的配方,在资生堂技术指导下生产的高级产品。

　　"采用"是选择合适的使用。"采用……"在说明书中常用来说明商品的用料、制作方法、制作工艺、制作原理等,从而证明商品优良、可靠。

　　例如:

　　本品采用齿轮变速传动机构,串连组成多模连续拉丝机。(五头连续拉丝机)

　　本品采用快速接头,自动换向,可作圆周形、扇形喷洒。(喷灌机组)

　　本品采用发光二极管指示灯、广声场、立体声、四喇叭扬声装置。(收录机)

　　说明书在说明过程中,也起广告宣传作用。有些常用语与广告常用语相同。

2．本品具有增强抵抗力、恢复健康、促进体质之功效。

"具有……"一词，常在说明书中用来说明商品具备的优点、特点、功能、功效、疗效等。

例如：

本品具有染发、护发、净发之功效。（染发护发香波）

本品具有结构简单、操作容易、维修方便等优点。（机械）

经临床验证，本品具有良好的疗效。（药品、药械）

本品具有换向灵活，射程远等优点。（喷灌机组）

3．本品适用于毛料、皮毛、丝绸、书籍等物，防止虫蛀。

"适用于……"意思是"在……方面使用合适"。在说明书中，常用"适用于……"一语来说明商品的应用范围。

例如：

本品适用于缺锌引起的儿童生长发育迟缓，营养不良、厌食、偏食、异食等病症。（锌酸蜂王浆）

本机械适用于个体农户小面积生产使用。

（小型农机）

本机组适用于山区、平原、旱田、水田、果树、蔬菜、城市花园、草坪、动物园、体育场等喷灌工作。（喷灌机组）

本机适用于拉拔钢、铝、黄铜等金属线材。

（五头连续拉丝机）

"适用于……"也可说成"可供……之用（使用）"。

本品可供毛料、皮毛、书籍等物防止虫蛀之用。

本品可供由于缺锌引起的儿童生长发育迟缓……等病症患者使用。

……，……

"供……使用"适用范围多是人。

"供……之用"适用范围一般指事。

四、写作练习

1. "蜂蜜"含有多种维生素、氨基酸、酶和矿物质,营养丰富,老幼皆宜。对肝炎、胃肠病、便秘等疾病有良好的辅助作用。它的食用方法可以用温开水冲服也可直接食用。请你为它写一份说明书。
2. "乐口福"是用麦精、炼乳、可可、奶油、鸡蛋及葡萄糖精制而成的。它含有人体所必需的多种营养素。病人、老人、儿童、孕妇等服用本品最为相宜。请你写一份说明书。
3. 写一份自己常用食品的说明书。
4. 写一份自己常用化妆品的说明书。

第三单元 致 词

第10课 欢 迎 词

一、指 导

在外事①活动的正式场合②中，接待③或招待④客人时，主人需要发表⑤热情友好的讲话，对客人表示⑥欢迎⑦。这种讲话叫欢迎词。

欢迎词一般包括以下三个方面的内容：

1. 表达热烈欢迎之情和对客人的问候。

2. 回顾⑧彼此⑨合作中取得的成就；赞扬对方在合作中作出的贡献和积极配合的态度，对对方的优良作风表示钦佩和赞赏；对对方给予自己一方的照顾和帮助等表示感谢。

如果是初次接触，可以回顾民间的传统友谊，历史上的交往。如果历史上很少交往，可以歌颂对方国家的民族精神，如勤劳、勇敢、酷爱自由、不畏强暴等。

3. 向客人表示良好的祝愿⑩。祝客人来访取得圆满成功，祝客人在自己国家逗留期间生活愉快，希望自己国家能给客人留下美好的印象等等。祝客人来访能增进双方的了解、加强两国人民的友谊、密切双方的关系、促进双方的贸易与合作，等等。

词 语

①外事　　　wàishì　　　foreign affairs　　　外交事务

②场合	chǎnghé	occasion	場合
③接待	jiēdài	reception	接待する，応接する
④招待	zhāodài	entertain	招待する，もてなす
⑤发表	fābiǎo	publish	発表する
⑥表示	biǎoshì	show	表す，示す
⑦欢迎	huānyíng	welcome	歓迎する
⑧回顾	huígù	look back	顧みる，回顧する
⑨彼此	bǐcǐ	each other	おたがいに，両方
⑩祝愿	zhùyuàn	wish	祝う

二、例　　文

例一　欢迎某贸易代表团前来洽谈业务

团长先生、各位代表：

　　我代表中国纺织品进出口公司浙江分公司，并以我个人的名义，对贵团的来访表示热烈欢迎！向贵宾们表示亲切的问候！对于你们的来访，我们感到由衷的高兴。虽然我们与代表团中的多数成员都是第一次见面，但由于业务信函的往来，我们已经相当了解，相当熟悉了，一见面就有一种久别重逢①之感。可以说，我们是初次见面的老朋友了。

　　在以往的合作中，由于贵方的真诚配合②，使我们之间的贸易不断扩大，互相信赖。在平等互利的基础上，建立起了真正的友谊和亲如兄弟的密切关系。贵公司通情达理③、严守信义④的经营作风⑤，给我们留下了极深的印象，给我们的合作与友好打下了坚实的基础。

你们这次来访，通过参观丝绸印染联合厂，丝绸纺织厂，丝绸商店，将会对中国的丝绸业更进一步加深了解，对洽谈定会起到促进作用。通过双方人员的密切接触，必将进一步加深友谊，使我们的关系更加密切，更加巩固。

最后，祝这次洽谈取得圆满成功！
　　　　　　　祝各位贵宾在中国访问期间生活愉快！
　　　　　　　祝我们的友谊山高水长！

词　语

①久别重逢	jiǔbiéchóngféng	reunion after a long time	永い間別れていて久々に再会する
②配合	pèihé	coordinate	調和する，協力する
③通情达理	tōngqíngdálǐ	showing good sense	人情道理をわきまえている
④严守信义	yánshǒu xìnyì	keep one's promise	信義を固く守る
⑤经营作风	jīngyíng zuòfēng	way of business	経営の態度

例二　欢迎前来进行技术指导的专家

尊敬的史密斯先生：

我代表中国机械进出口公司和用户对您表示热烈欢迎和亲切的问候！

为了便于我们用户安装①这批从贵公司进口的机器，贵公司特派先生前来指导，并协助用户进行安装、试车②。你们为我们想得如此周到③，把我们的事当成自己的事，这已经远远超出④了贸易关系，只有朋友之间，才能做到。你们的这番友好情谊，我们深深地理解，并视为珍宝⑤加以爱惜⑥。贵方的这种友好举动必将极大地推进⑦我们双方的贸易进程⑧，推进两国人民之间的友谊的发展和巩固⑨。我代表我公司和用户向贵公司表示衷心的感谢，向史密斯先生本人表示衷心的感谢和深深的敬意！

　　最后，祝我们双方的友谊万古长青⑩！

　　祝史密斯先生，身体健康，精神愉快！

词　语

①安装	ānzhuāng	install	据えつける、取り付ける
②试车	shìchē	test run	試運転する
③周到	zhōudào	thoughtful; considerate	よく行き届く、周到だ
④超出	chāochū	overstep; go beyond; exceed	超過する、こえる
⑤珍宝	zhēnbǎo	treasure;	宝物、宝
⑥爱惜	àixī	cherish; use sparingly	大切にする
⑦推进	tuījìn	push forward; promote	推し進める
⑧进程	jìnchéng	course; process; progress promote	過程、コース
⑨巩固	gǒnggù	reinforce	固める

| ⑩万古长青 | wàngǔcháng qīng | be everlasting | 永遠に若々しい，永久に栄る |

例三　欢迎前来参加时装小交会的客人

女士们，先生们：

我代表中国服装进出口公司北京分公司，并以我个人的名义，对各位光临北京表示热烈欢迎和真诚的问候！在过去的贸易往来中，在诸位的密切配合下，在平等互利①的基础上，我们建立了友好合作的贸易关系，并取得了令人满意②的成绩。这次来北京参加小交会，愿各位都能选中自己满意的服装品种，留下宝贵的意见！诸位的光临必将为我服装事业注入③新的活力④。

我们作为东道主，在小交会之余还为诸位安排了游览北京的名胜古迹，希望各位在北京逗留期间能过得舒适⑤、愉快！希望北京能给诸位留下美好的回忆！

衷心祝愿各位贵宾这次来访圆满⑥成功！

词　语

①平等互利	píngděng hùlì	equality and mutual benefit	平等互恵
②令人满意	lìngrén mǎnyì	quite satisfactory	満足させる
③注入	zhùrù	pour into	注ぐ，注ぎ込む
④活力	huólì	vigour	活力，活気
⑤舒适	shūshì	comfort	心地がよい
⑥圆满	yuánmǎn	satisfactory	円満に

例四　欢迎出席宴会的中国朋友

各位中国同仁①、朋友们：

我代表索尼电器公司驻北京办事处全体成员，并以我个人的名义，热烈欢迎各位中国朋友的光临！诸位的光临，为宴会增添了友谊的温暖和热烈的节日气氛。在这新年前夕，我们在这里欢聚一堂②，共同祝贺③一年来团结合作所取得的成绩。感谢各位先生在这一年中对我们工作的支持与协助。由于你们的积极④配合，竭诚⑤相助⑥，使我们在中国的工作能够顺利地进行，圆满地完成了任务。通过一年的相处共事，你们言必信，行必果⑦的工作作风和高度的工作责任感⑧，使我们深为感佩⑨。感佩之余，请接受我们衷心的祝愿！

祝各位

事业成功！身体健康！

现在我提议：

为我们兄弟般的友谊、

为我们密切而有成效的合作，干杯！

词　　语

①同仁	tóngrén	colleagues	同人
②欢聚一堂	huānjù yì táng	happliy gather under the same roof	一堂に楽しく会する
③祝贺	zhùhè	congratulate	祝う
④积极	jījí	active	積極的である
⑤竭诚	jiéchéng	wholeheartedly	心から誠意を尽す
⑥相助	xiāngzhù	help each other	互いに協力する
⑦言必信，行必果	yán bì xìn, xíng bì guǒ	be true in word and resolute in deed	言った以上必ず実行し、行う以上、必らず断

			固としてやる
⑧责任感	zérèngǎn	sense of duty	責任感
⑨感佩	gǎnpèi	feel grateful	感激して敬服する

三、常用语例解

1. 我代表中国纺织品进出口公司，并以我个人的名义，对代表团的来访表示热烈欢迎。

    "我代表……并以我个人的名义……"一语，常用于以某机关、团体的代表的身份向客人所致的欢迎词中。意思是"我是代表团体中每个成员向你表示欢迎，同时也表达了我个人的感情"。

    例如：

    我代表中国机械进出口公司，并以我个人的名义，向您表示热烈欢迎和亲切的问候。

    我代表中国服装进出口公司，并以我个人的名义，对各位光临北京表示热烈欢迎和真诚的问候。

    我代表索尼公司驻北京办事处全体成员，并以我个人的名义，热烈欢迎中国朋友光临。

    我代表首都钢铁公司，并以我个人的名义，向俄罗斯贸易代表团表示热烈欢迎。

2. 在已往的合作中，由于贵方的真诚合作，使我们之间的贸易不断扩大。

    "在已往的合作中，……"在欢迎词中常用来引出对过去时间里，彼此合作取得的成就与对方所做出的贡献的回顾。

    例如：

  在已往的合作中，由于贵方的努力，使我们的友谊得到了巩固和发展。
  在已往的合作中，由于贵方的配合，使我们的关系更加密切。
  在已往的合作中，由于贵方的支持和帮助，使我们与贵国的贸易额不断增加。
  在已往的合作中，由于贵方积极配合，在平等互利的基础上，建立了真正的友谊。

3. 通过双方人员的密切接触，必将加深我们的友谊。

  "通过……必将……"一语在欢迎词中常用来赞扬客人来访的意义。
  例如：
  通过参观，必将增进对我方的了解。
  通过面谈，必将加深相互理解。
  通过协商讨论，必将有助于问题的解决。
  通过诸位的光临指导，必将为我服装事业注入新的活力。

4. 祝会谈取得圆满成功。

  "祝"表示祝愿、希望。常用于欢迎词的结尾，对客人在访问期间表示良好的祝愿。有时也说"希望"或"愿"。
  例如：
  祝各位在访问期间精神愉快！
  希望访问活动能给您带来愉快！
  希望我们的安排能使您满意！
  愿访问取得满意的成果。

四、写作练习

1. 中国土畜产进出口公司上海分公司应你公司的邀请,前去参观访问,请你写一篇欢迎词。
2. 中国机械进出口公司应贵公司的邀请,前去贵国洽谈进口贵国成套机械设备事宜,请写一篇在欢迎宴会上致的欢迎词。
3. 中国专家代表团应邀到你公司去参观、考察,请你写一篇欢迎词。

第11课　欢送词

一、指　导

当客人要离别时，主客双方欢聚一堂，相互致词，表达情谊，并致以美好的祝愿，其中主人的致词称为欢送词。

欢送词通常包括以下几个方面的内容：

1. 表达欢送与惜别①之情。
2. 颂扬客人在自己国家期间双方合作所取得的成就②。如：加深了友谊、增进了了解，给自己一方带来的积极影响，或通过洽谈，贸易上取得的进展及其深远意义等。
3. 表达发展友谊、加强合作的愿望。
4. 向对方致以良好的祝愿。

词　语

①惜别	xībié	be reluctant to part	別れを惜しむ
②成就	chéngjiù	achievement	成績，業績

二、例　文

例一　欢送专家回国

尊敬的麦克先生：

在您即将启程①回国的前夕②，我代表工厂全体职工并以我个人的名义③向您表示热烈的欢送。

您在我厂工作的两年中，坦诚待人，辛勤④耕耘，为工厂培养⑤了一大批技术人才⑥，大大提高⑦了工厂的技术水平⑧，促进了工厂生产的发展，为工厂的发展建设作出了巨大贡献。工厂的一砖一瓦，一草一木都刻着您的功绩，您用自己的辛勤劳动，在全厂每个人的心中竖起一座丰碑。您以自己的实际行动，谱写出了一曲友谊的凯歌。

尊敬的麦克先生，你永远是我们的最受欢迎的朋友！这个凝结着您的汗水和心血的工厂永远是您的家。你走后，我们会时刻想念您，随时准备迎接你再回家来。

"海内存知己，天涯若比邻"，您虽然将暂时离开我们，但我们的心永远相连。

我们相信，不久的将来，咱们还会相聚，到那时，我们再畅叙友情，回顾朝夕相处的日子，将会更加亲切，更令人珍惜。

现在我提议：

为我们的友谊、

为暂时的离别、

为明天的相聚，

干杯！

词　语

①启程	qǐchéng	start a journey	出発する
②前夕	qiánxī	eve	前夜，直前
③名义	míngyì	on behalf of	名義
④辛勤	xīnqín	hardworking	勤勉に
⑤培养	péiyǎng	train	養成する，育成する
⑥技术人才	jìshù réncái	technician	技術者

| ⑦提高 | tígāo | improve | 高める |
| ⑧水平 | shuǐpíng | level | レベル |

例二　欢送前来访问的代表团回国

团长先生，
女士们、先生们：

　　你们在我公司为期一周的参观访问已经结束，明天就要启程回国了。我代表我公司全体成员，并以我个人的名义，向诸位表示热烈的欢送。

　　在参观访问期间，你们诚恳地向我们提出许多宝贵①建议，介绍②了你们的先进③经验，使我们自身在发展的道路上可以避免许多弯路，这将加快我们向社会主义市场经济过渡的步伐，促进我们公司的发展。尤其是你们那种积极、热情、坦诚的态度，虚心善学的精神，给我们留下了深刻④的印象。这次访问，加深了我们之间的相互了解，增强了我们之间友谊，这必将大大促进我们的互利协作！我们将永远记住这短暂⑤相处的日子。

　　愿我们的友谊青山常在，绿水长流⑥！
　　最后，我提议
　　为你们这次访问的成功，
　　为所有在座朋友的健康，
　　为我们的友谊，
　　干杯！

词　语

| ①宝贵 | bǎoguì | precious | 貴重な |
| ②介绍 | jièshào | introduce | 紹介する |

③先进	xiānjìn	advanced	進んでいる、先進的な
④深刻	shēnkè	deep	深い
⑤短暂	duǎnzàn	short	しばらく、短時間
⑥青山长在 绿水长流	qīngshāncháng zài, lǜshuǐ chángliú	a metaphor: that youth is always like water is always moving	（比喩的なことば）友誼は永久に存在するの意

例三　欢送前来签订贸易合同的中国代表团

尊敬的先生们，女士们：

　　你们好！你们在我国经过短暂的逗留①，即将启程回国，我首先代表我公司全体成员，并以我个人的名义，向贵宾们表示热烈地欢送。

　　在你们短暂的逗留期间，取得了丰硕②的成果。我们在平等互利的基础上签订了八个合同，两倍于③我们两个公司过去签订合同的总和。这是一项了不起④的成绩，说明我们之间的业务关系得到了进一步的发展，这也是贵国⑤实行⑥改革⑦开放⑧的结果，我们感到十分欣慰⑨。

　　更值得⑩高兴的是，我们在同一张桌子上进餐、饮酒，在同一张桌子上谈判，一起分担忧虑，一起分享欢乐，这一切使我们之间相互尊重⑪得到了增强，使我们之间的友谊得到了巩固和发展，我们友好合作的前程⑫将会更加光辉灿烂⑬！

　　谨致美好的祝愿！

　　谢谢大家！

词 语

①逗留	dòuliú	stay	滞在する
②丰硕	fēngshuò	rich	多大の
③于	yú	to	……よりも
④了不起	liǎobuqǐ	amazing	大したものだ
⑤贵国	guìguó	your country	貴国
⑥实行	shíxíng	carry out	実行する，行う
⑦改革	gǎigé	reform	改革
⑧开放	kāifàng	be open	開放
⑨欣慰	xīnwèi	be gratified	喜び安心する
⑩值得	zhídé	worth	……の値打ちがある，する価値がある
⑪尊重	zūnzhòng	respect	尊重する
⑫前程	qiánchéng	future	前途
⑬光辉灿烂	guānghuī cànlàn	shining; radiant; brilliant	光りさんぜんと輝く

例四　欢送中国朋友回国接任新职

李先生：

　　当你准备回北京接受外贸部的新职务①时，我极为愉快地代表我部全体成员，并以我个人的名义，向您表达最美好的祝愿，以及最热烈的欢送。

　　在过去的几年中，我们朝夕相处②，共同工作，密切配合，建立了亲密的友谊。这使我们对您的离开感到依依不舍，真想让您永久地留在这里。但我们知道，您应该回去与家人团聚③了，在您的孩子们成长时期，你应该在他们身边，尽到教育孩子的责任④。我希望将来能见到他们。同时等你在新的岗位⑤开始工作以后，我们将与你保持联系，继续合作。

如果您能向您的继任人⑥转达我们准备和他进行密切而融洽⑦的协作⑧的愿望，我们将很高兴。希望你回国以后，在新的岗位上，工作顺利，万事如意。

谨致最美好的祝愿，并感谢您为我们所做的一切。

词　语

①职务	zhíwù	rank	職務
②朝夕相处	zhāoxī xiāng chǔ	be together from morning to night	朝夕顔を合わせている
③团聚	tuánjù	reunion	だんらんする
④责任	zérèn	duty	責任
⑤岗位	gǎngwèi	post	職場，仕事の持ち場
⑥继任人	jìrènrén	a person who succeeds sb. in a post	引き継ぎの人，後継者
⑦融洽	róngqià	harmonious	融和する
⑧协作	xiézuò	cooperation	協力する

三、常用语例解

1. 您在工厂工作的两年中，坦诚待人，辛勤耕耘，为工厂培养了一大批技术人才。

"在……中"在欢送词里用来表示客人来访或工作的这段时间里。用这个句式引导出双方合作所取得的成绩、对自己一方产生的影响及深远意义。

例如：

在过去的几年中，我们朝夕相处，共同工作，密切配合，结下了深厚的友谊。

你在中国实习的一年中，勤奋学习，忘我工作，给我们留下了深刻印象。

在这里参观访问的一周中，我们同桌饮酒、同桌进餐，共担风险，共享欢乐，结下了牢不可破的友谊。

在参观座谈中，你们提出不少合理化建议，为我公司的发展起到了促进作用。

与"在……中"用法相同的还有"在……期间"。

例如：

在参观访问期间，你们提出不少合理化建议，介绍了一些先进经验，必将促进我公司的发展进程。

在短暂的逗留期间，签订了八项合同，取得了丰硕成果。

在双方谈判期间，你们表现出了积极、热情、坦率、诚恳的态度和虚心好学的精神，给我们留下深刻的印象。

2. 在短暂的逗留期间，取得了丰硕成果。

"短暂的"意思是用了很短的时间，却取得了很大成绩。在欢送词中，主人用来赞美客人工作、学习效率高，收获大。

有时也说"短短的"

例如：

在短暂的参观访问期间，你们访问了十多家客户，参观了大小二十多个商店、商场和贸易市场。

在短暂的洽谈期间，我们圆满地达成了关于邮电设备的协议，同时还下厂指导贵方出口产品的维修与保养。

在短短的七天里，你们不仅收集到了大量用户意见，还帮助我们解决了一些技术难题。

在短短的半年里,您为我厂举办了三期技术培训班,建立起了一支维修技术人才的队伍。

3. 愿我们的友谊青山长在,绿水长流。

"愿",是"祝愿"。有时也用"祝"。

在欢送词中的祝愿语,常用来表示希望友谊长期存在下去的话语。

例如:

祝我们的友谊万古长青。

祝我们的友谊牢不可破。

祝我们的友谊地久天长。

祝我们的友谊坚如盘石。

除此之外还有对客人的祝愿:

祝你(你们)一路平安!

一帆风顺

一路顺风

万事如意

四、写作练习

1. 欢送一位在一起工作过两年,即将启程回国的亲密朋友。
2. 欢送一个结束了一周访问的中国贸易代表团。
3. 欢送已经签订完购买成套化工设备合同,明天即将启程回国的某公司负责人。
4. 欢送前来参加交易会的中国代表团。

请各写一篇欢迎词。

第12课　告　别　词

一、指　导

客人完成了工作或参观访问以后,在返回前夕,为了答谢主人的接待、安排、照顾和帮助,通常要举行一个告别会或答谢宴会,在会上,客人要发表讲话,向主人表示感谢。这样的讲话叫告别词。

告别词主要包括以下三方面的内容:
1. 向主人表示感谢。内容要详细、具体。
2. 在逗留期间,在主人的帮助下取得的成绩和收获及意义。
3. 向主人表示良好的祝愿。

写告别词应注意以下几点:
1. 对对方应敬①,对自己应谦②。
2. 要感情真挚,内容具体。
3. 要尊重对方的风俗习惯,不触犯③对方的禁忌④。

词　语

①敬	jìng	respectful	恭敬
②谦	qiān	modest	謙虚である
③触犯	chùfàn	offend	犯す　触れる
④禁忌	jìnjì	wording	タブー

二、例　文

例一　日本贸易代表团的告别词

尊敬的女士们、先生们：

我们对贵国的访问即将结束，明天就要启程回国了。在临别①前夕，我谨代表我代表团所有成员，并以我个人的名义，对你们在我们访问期间所给予的热情帮助与款待表示真诚的感谢。

我们这次访问期间，参观了你们的交易会，这是展示贵国建设成就的一个橱窗②，增进了对你们伟大国家的了解。我们双方还就双边贸易问题进行了谈判，在平等互利的基础上签订了贸易合同。除此之外，这次访问必将加强我们之间的理解和友谊。俗话说，"好的开端是成功的一半"。我们深信，我们的贸易及友好关系将会进一步得到发展。在此，我们再一次感谢你们所提供的一切帮助。

盼望你们能到我国访问，以便能有机会作为东道主来答谢你们的真诚帮助与款待。

最后，请各位举杯，

为我们之间的贸易和友谊的进一步发展，

为所有在座的朋友的健康，

干杯！

词　语

①临别	línbié	just before parting	別れに際して
②橱窗	chúchuāng	show (display)	ショーウィンド

window; showcase

例二 ×国友好代表团的告别词

亲爱的朋友们：

　　首先，请允许我感谢各位朋友光临今天的告别宴会，并感谢你们在我们访问期间所给予的真诚帮助与支持。

　　我们这次访问贵国期间，参观了工厂、学校和文化团体，与工人、政府工作人员、科学家、艺术家、教师和学生进行过交谈。在短短的几天里，学到了很多东西，这使我们对贵国及贵国人民有了更深的了解。中国是一个伟大的历史悠久的文明古国，我们在长城、故宫、颐和园等名胜古迹游览时，领略①了你们悠久的历史，并感觉到了你们的历史遗产②给人民带来的自豪和尊严。在即将回国的前夕，我们对这里的一切感到十分留恋③。我们希望有机会再来访问你们伟大的国家。同时，我们也盼望你们早日访问我们的国家。

　　我借此机会再一次向大家表示衷心的感谢！
　　祝我们两国人民之间的友好关系进一步巩固和发展。
　　为我们的友谊，
　　为中国的繁荣富强和人民的幸福，
　　为各位朋友的健康，干杯！

词　语

①领略	lǐnglüè	realize; have a taste of; appreciate	味わう，理解する
②遗产	yíchǎn	legacy; heritage; inheritance	遺産

③留恋　　liúliàn　　　　can't bear to part 名残りを惜しむ
　　　　　　　　　　　　(with sth or from
　　　　　　　　　　　　sb.);

例三　中国农业机械代表团的告别词

尊敬的斯库特先生:

　　我们对加拿大的访问即将结束,并将很快返回中国。在临别前夕,我代表我们的代表团,并以我个人的名义,对您在我们访问期间给予的满腔热情的帮助与无微不至的关怀表示由衷的感谢。我们为有您这样的朋友而感到骄傲。

　　我相信我们这次访问,将有利于进一步加强我们在农业机械方面的合作。我们之间平等互利的贸易关系将会打开一个新的局面①。我和我的同事们盼望在不久的将来,能有幸在中国欢迎您!

　　我提议:

　　为您的健康,

　　为我们的友好合作,干杯!

词　　语

①局面　　júmiàn　　　　aspect; phase;　　局面,情勢,構
　　　　　　　　　　　　situation　　　　　え

例四　美国商业部长在广州
　　　　一次招待会上的告别词

主席先生,女士们,先生们:

　　来到你们美丽的广州城我们很高兴。在这儿我们将要结束对

这个美丽的国家的访问，而这次访问对我们代表团全体成员都是难忘的。

我们曾经访问过你们那富有历史意义的、英雄的首都北京。我们也访问过繁忙的工业港口城市上海，我们两国间日益①增进的贸易大部分将通过那里进行。我们还亲身领略了桂林神奇而令人陶醉的景色，那是一个十分宁静的城市。

现在我们来到了广州，参加广交会的闭幕式②，这是美国交中华人民共和国之间的日益增进的相互联系的又一标志③。

我们认为，我们在贵国的短暂逗留期间办成了许多事情。我们已经签署了六项协议——这是我们两国政府间过去所签订的协定的两倍。

更重要的是我们已经见到你们的人民并且和他们进行了交谈。我们还曾和你们共同进餐，商谈贸易，与你们一同烦恼，一道欢笑。通过这一切，我们更相互尊重，我们的友谊更加得到发展。

现在我提议：

为我们的东道主和中国人民的健康，

为我们日益增长的个人之间的联系和商业关系，

为我们下次再来访问你们美丽的国家，也为你们能到我们国家访问，干杯！

词　语

①日益	rìyì	day by day	日増しに
②闭幕式	bìmùshì	closing ceremony	閉幕式，閉会式
③标志	biāozhì	mark	しるし，印

三、常用语例解

1. 在临别的前夕，我谨代表我们代表团的所有成员对你们在我们访问期间所给予的热情帮助与款待表示真诚的谢意。

"临别的前夕"：离别的前一天晚上，或马上就要分别的时候。这个介词短语常在告别词中用来引起对主人表示答谢的话题，并借题对在主人关照下取得的成绩加以渲染、肯定和赞扬。对接待一方给自己留下的深刻印象、对友谊进行歌颂、对访问的意义加以肯定。

"在临别的前夕"还可以说成：

在即将离别的前夕，

在即将离别之际，

在离别之际，

……

例如：

在临别的前夕，请允许我代表我团的全体成员，向访问期间给予我们照顾与帮助的各方面人士表示由衷的感谢。

在即将回国的前夕，我代表我团的全体成员对你们几天来所给予的关照表示衷心的感谢。……

在即将离别之际，让我向在座的各位朋友致以最诚挚的谢意。

在这离别之际，我代表我团向贵公司领导，全体接待人员、翻译、导游、及饭店、餐厅的服务人员，致以崇高的敬意，你们做得无与伦比，你们辛苦了！

2. 通过这次访问，必将加强我们之间的理解和友谊。

"通过访问，必将……"常用于告别词中，表达访问的意义和作用。

例如:

通过这次访问,我们的贸易及友好关系必将进一步得到发展。

我们相信,通过访问,必将进一步加强我们的了解与合作。

通过访问,我们之间的贸易合作关系必将打开一个新的局面。

"必将"有时可单用一个"将"或"将会"。例如:

通过参观访问,我们将更加互相尊重,我们的友谊将进一步得到发展和巩固。

3. 为我们之间的贸易和友谊的进一步发展,
为所有在座的朋友的健康,
干杯!

"为……干杯"一语常用于各种宴会致词的结尾,对已有的成就表示祝贺,对将有的成就表示祝愿。在告别词中,通常是为访问取得的重要成果表示祝贺,为以后的合作,为主人的或在场人的健康表示祝福。

例如:

为我们的友好合作干杯!

为我们的东道主和中国人民的健康干杯!

为我们日益发展的个人之间的关系和商业关系,为下次再来访问你们美丽的国家,也为你们能到我们国家访问,干杯!

为我们的友谊,
为中国的繁荣富强和人民的幸福,
为各位朋友的健康,
干杯!

四、写作练习

1. 你公司应中国外贸部的邀请,在中国北京天津、上海等城市进行了为期一周的访问,临别时,将举行一个告别会,请你写一份告别词。
2. 你作为一个公司的经理,来中国与××公司进行贸易谈判,你在告别宴会上的告别词想讲些什么?
3. 你作为一个教育代表团团长,在中国参观了一些著名的大学,临回国时,你举行了一个告别宴会,你的告别词应该怎么讲?

请写出上述场合的告别词,并进行演讲。

第四单元 外贸业务信函①

第13课 外贸业务信函的写法

一、外贸业务信函的用途

外贸业务信函是外贸工作人员同世界各国开展进出口贸易业务时,用来洽谈交易,联系业务的专用书信。目前,在国际贸易中,大量的业务磋商和市场信息都是通过信函完成和获得的。因此,业务信函在开展国际贸易的过程中,是不可缺少的,是非常重要的。写好业务信函,能直接起到促进交流、发展贸易和增进②友谊的作用。一个外贸工作者必须掌握写外贸信函的基本常识和基本词汇,才能胜任③自己的工作。

二、外贸业务信函的写法

1. 外贸业务信函的构成

外贸业务信函由两部分组成,即标题和信文。

标题:

写在信笺的上方正中间,独立于信文之外。标题要能简明地概括出写信的事由和写信人的态度,使收信人对书信的内容一目了然。

信文:

信文由称呼、正文、落款、日期四部分组成。

称呼：

称呼就是收函单位的名称或具体负责办事人的姓名。顶格写，写全称，单占一行。

正文：

正文是信的主要部分，也就是信的内容。要写明事由，表明态度，讲清原因。即对某件事表明是肯定还是否定的态度，阐明采取这种态度的道理。叙事、说明要清楚明白；说理要有逻辑性④和雄辩性⑤；商榷⑥问题、提出异议⑦时，意见要明确，态度要明朗⑧，证据要确凿。为了减少流转⑨环节，提高工作效率⑩，便于归类⑪存档，外贸信函要求一事一信。

落款：

落款就是在信的右下角写上发函单位的名称。要写全称，并加盖公章。

日期：

在右下角发函单位名称的下一行写上发文日期。

三、写外贸信函的要求

1. 内容要明确、具体。

外贸部门一般都是工作头绪纷繁，这就要求每封书信都要明确地指明是哪笔生意，什么意见，什么理由。

例如："上次贵方来函，指出我方货价偏高"一句，"上次"指的是哪次？"我方货价"具体指哪批、哪种货？都不明确。如说成"贵方3月5日来函说我269号货的005品种的印花府绸价格偏高"，这就明确、具体了。

这就要求把信中涉及到的货物合同号、货号、货物名称、数目、金额、日期都要交待清楚。

2. 态度要明朗。

每封信函都有自己的意见,是肯定还是否定,是接受还是拒绝,要明确地、语气坚定地表示出来,不能含糊其辞[12],模棱两可[13]。例如:"贵方提出的意见我方基本同意"、"可以考虑","每月可交货五六百箱""估计五月中旬前后即可发货"等等都是不肯定、不明确的表达方法,都不能使用。

3. 表达要准确。

要做到准确,必须注意做到以下三点:

第一、避免歧义[14]。一句话可以这样解释,也可以那样解释,叫歧义。例如"凡订购量在5000码以上者,可享受2%折扣[15]的优惠[16]。"如果对方刚好订5000码,买方可能理解成应享受优惠,卖方可能解释成不属优惠之列,这就会产生歧义,引起纠纷。如说"凡订购5000码或者以上者,可享受2%折扣的优惠",这种表达是明确的。就是说:订购5000码者同样享受优惠。如果说"凡订购量超过5000码者,可享受2%折扣的优惠",那么,订购5000码者就不包括在优惠之列了。再如,"不能让价","不拟让价","不应让价"等,肯定程度各不相同。外贸信函要求语言一定要准确,用词要严密,不然就会因理解不同造成争执和纠纷,甚至带来经济损失。

第二、防止褒[17]贬[18]失当[19]。

外贸信函有时涉及到对双方经营能力、信用状况、产品质量、经营态度、损失、获利等的评价时,要客观、公正、实事求是,防止不恰当地夸大长处或短处。例如信用调查、催货、催款、索赔等,都会遇到褒贬的问题,写信时不应受情绪影响,要科学、冷静、求实。

第三、杜绝错漏。

外贸工作责任重大,如果在书信中少了一个"不"字,意思就恰好相反;如数字丢掉一个"0",就差十倍,如果是"十万"丢掉一个"万"字,就相差一万倍。一旦出现这种情况,不仅自己负不起责任，更重要的是将给国家或集体带来不可挽回的经济损失。因此必须杜绝错漏现象。

词　语

①信函	xìnhán	letter	手紙，書簡
②增进	zēngjìn	promote; further; enhance	増進する，増進させる
③胜任	shèngrèn	qualified	任にたえる；仕事や職務に当る能力がある
④逻辑性	luójíxìng	of logic	論理性
⑤雄辩性	xióngbiànxìng	of eloquence effect	雄弁性
⑥商榷	shāngquè	discuss; deliberate	検討する
⑦异议	yìyì	objection; dissent	異議
⑧明朗	mínglǎng	clear	はっきり（する）
⑨流转	liúzhuǎn	circulation	転々とする，流転する
⑩效率	xiàolǜ	efficiency	効率
⑪归类	guīlèi	sort out; classify	まとめる，分類する
⑫含糊其辞	hánhu qí cí	talk ambiguously	言葉をにごす，言葉をあいまいにする
⑬模棱两可	móléng liǎng kě	equivocal; ambiguous	どっちつかず
⑭歧义	qíyì	different mea-	いくとおりにも

			nings; various interpretation	解釈できる字義（語義）
⑮	折扣	zhékòu	discount; rebate	割引き（する）
⑯	优惠	yōuhuì	favourable; preferential	特恵の，特恵を与える
⑰	褒	bāo	praise; honour; commend	ほめる 称贊する
⑱	贬	biǎn	demote; reduce; censure	けなす，悪評する
⑲	失当	shīdàng	unfitting;	妥当ではない

四、常用语例解

1. 外贸信函的称谓：

第一人称："我"、"本"。例如"我方"、"本公司"。

第二人称："你"、"贵"。如"你方"、"贵方"、"贵公司"、"贵部"。

第三人称："该"。例如"该厂"、"该校"、"该店"、"该公司"。

2. 希望和请求用语：

"希"、"望"、"谨希"、"谨望"；"请"、"谨请"、"恳请"、"敬请"、"惠请"……

例如：

希贵方速来函确认。

望贵方早日回复。（回复：写回信答复）

谨希贵方一如既往，信守合同。

谨请贵方如期发货。

恳请贵方予以谅解
3. 结尾用语
"为盼"、"是盼"、"为荷"、"是荷"
例如:
谨请贵方尽快答复为盼。
请速来函接受是盼。
望贵方斟酌为荷。
万望在信用证有效期内按时装运是荷。

五、练 习

1. 外贸业务信函由那几个部分组成？每一部分应注意什么？
2. 写外贸业务信函应注意什么问题？举例说明。
3. 举例谈谈外贸信函的称谓。
4. 用下列请求用语造句：
① "希" ② "望" ③ "谨希" ④ "谨望" ⑤ "谨请" ⑥ "恳请"
5. 谈谈外贸信函与普通书信的区别是什么。

第14课 信用调查

一、指 导

在对外贸易中，随着贸易的发展，除巩固旧的贸易伙伴外，为扩大业务，还要不断物色①新的贸易对象。为了慎重起见，为了不使自己在贸易中，因贸易对象存在的种种问题，而蒙受②不必要的损失，在与新贸易对象联系前，应该对新物色到的贸易对象进行信用调查③。向有关单位查询④它的信用情况，然后才能建立业务联系。

信用调查一般包括以下几个方面内容：

1. 资信情况，如资本额⑤大小，财物收支⑥情况，债权、债务情况，固定资产等。

2. 经营能力，如机构设置，经营人员的经验、能力及社会地位，业务关系，经营商品种类，业务专长⑦，营业额⑧等。

3. 商业信誉，如履行合同情况，付款情况等。

4. 征求有关单位意见，应给予何种程度的信贷⑨。

5. 向对方保证，所提供的资料，将会严守⑩秘密⑪。

对信用调查的复信一般包括以下内容：

1. 陈述⑫事实，表示意见。

2. 希望提供的资料有用途。

3. 提醒⑬对方所提供的资料是绝对保密及不负任何责任的。

4. 为了避免⑭复信被第三者看见而引起不必要的麻烦，在信中一般不提及被查询商行的名称,而用"有关商行"来称呼。查询信用的信和复信在信封上应写上"机密"⑮字样。

词　语

①物色	wùsè	look for	物色する
②蒙受	méngshòu	suffer; sustain	受ける,こうむる
③信用调查	xìnyòng diàochá	credit survey	信用調査
④查询	cháxún	inquire about	査問する,問い合わせる
⑤资本额	zīběn'é	capital amount	資本額
⑥收支	shōuzhī	income and expenses	収支
⑦专长	zhuāncháng	special skills and knowledges	特技,專門知識
⑧营业额	yíngyè'é	turnover; volume of business	営業額
⑨信贷	xìndài	credit	信用貸し付け
⑩严守	yánshǒu	guard strictly	かたく守る
⑪秘密	mìmì	secret	秘密
⑫陈述	chénshù	state	陳述する
⑬提醒	tíxǐng	remind	注意する
⑭避免	bìmiǎn	avoid	避ける
⑮机密	jīmì	secret; confidential	機密

二、例　文

例一　向银行了解新客户的信用情况

北京中国银行：

北京××公司，最近与我公司联系，询问是否能作为我公司的分代理，在中国销售我公司生产的家用电器产品。

如你行能提供该公司的财政①和业务情况，我们将十分感谢。

提供下列情况，供你们参考②。去年一年里我们曾③同该公司做成几笔电冰箱和电视机交易，每笔交易额④约⑤五万美元，所有交易都用信用证支付⑥。

对于你们提供的任何资料，我们都将严格保密，并且毫无疑问⑦，对此我们公司将非常感谢。

日本×××电器公司
一九九四年一月十日

词　语

①财政	cáizhèng	finance	财政
②参考	cānkǎo	reference	参考にする
③曾	céng	once	かつて
④交易额	jiāoyì'é	volume of trade	交易額
⑤约	yuē	arrange; about;	約，ぐらい
⑥支付	zhīfù	pay	支払う
⑦毫无疑问	háo wú yíwèn	out of question	少しの疑いもなく，全く疑いな

例二　中国银行给×××电器公司的答复

日本×××电器公司：

　　贵公司一九九四年一月十日函询①的北京××公司，现欣然②奉告，提供情况如下：

　　该公司是北京家用电器的进出口商和批发商③，开业已有十四年之久。

　　该公司开业不久，就与我行建立了业务关系，他们主要从日本进口家用电器。目前，该公司生意兴隆，名闻遐迩。从整个北京地区市场规模来看，是属于北京几家发展快的进口商和批发商之一，主要向本地市场提供家用电器产品，深受顾客信赖。

　　上述情况，仅④供参考，我行对此不负任何责任。

北京中国银行
一九九四年二月五日

词　语

①函询	hánxún	inquire by mail	（手紙で）照会する
②欣然	xīnrán	with pleasure	喜んで
③批发商	pīfāshāng	wholesale businessman	卸し売り問屋
④仅	jǐn	only	ただ

例三　向有关公司了解要求代理的客户

北京大通公司：

我们突然接到通达有限公司的来函，提出要当我公司代理，销售我公司生产的汽车，该公司现与你公司有业务往来，并把你公司作为证明人告诉了我公司，介绍我们向你们了解该公司的信用、业务能力和信誉的详细情况。

请你们对该公司的上述几点提出坦率①的意见，告知与该公司往来的感受，并将附表②填好后放在所附去的信封内退回我处。

对于你们所提供的资料，将予以保密，有关费用，在接到你公司帐单③后，由我公司支付。

日本××汽车公司
一九九四年二月五日

词　语

① 坦率　　tǎnshuài　　frankly　　　　　　正直だ，率直だ
② 附表　　fùbiǎo　　　attached chart　　　付表
③ 帐单　　zhàngdān　　bill　　　　　　　　勘定書，

例四　大通公司给日本××汽车公司的答复（一）

日本××汽车公司：

你公司一九九四年二月五日函询的通达有限公司，过去十几年一直与我公司有业务往来，在此期间，他们从未①有过不履行义务的情况。随函寄去我们按你们要求填写的表格一份，从表格中可以看出他们汽车进出口业务经营管理良好。

我们相信，他们之所以能在北京地区批发商中享有盛誉②，是因为他们经营业务的稳妥③和诚实。

我们对所提供的资料不负任何责任。

北京大通公司

一九九四年三月一日

词　语

①从未	cóngwèi	never	これまで……したことがない
②盛誉	shèngyù	great fame; high reputation	盛名
③稳妥	wěntuǒ	safe; reliable	穏当だ，妥当だ

例五　大通公司给××公司的答复（二）

日本××汽车公司：

　　贵公司二月五日来函收悉，谢谢信任。

　　我们不得不遗憾地告诉你们，几年来，我们与贵方函询的公司的业务往来一直都是不能令人满意的。

　　确实，前两年，我公司与该公司有业务往来，但在帐目结算①方面，多次遇到麻烦。

　　该公司至今仍然欠帐②五万美元，这是去年的货款③。现在我公司已委托律师前去收取。

　　据我们所知，该公司与日本×××公司有业务联系。如有必要，贵公司可再听听他们的意见。

　　请对所提供的资料严格保密，我公司对此不负任何责任。

北京大通公司
一九九四年二月二十五日

词　语

| ①结算 | jiésuàn | settle accounts | 決算する |
| ②欠帐 | qiànzhàng | bills due | 借金 |

⑧货款　　huòkuǎn　　payments for goods　　商品代金

三、常用语例解

1. 如你行(公司)能提供上述商行的财政和业务情况将十分感谢。

"如能……将……"是请求对方帮助作某事的委婉说法。在信用调查信函中常用来表示请求收函人提供有关情况。

例如：

如贵行能提供上述公司的信用和财力情况，将十分感谢。

如贵公司能提供上述公司的通常贸易资信情况，将不胜感激。

如贵行能提供有关该公司的信用情况、社会地位及财力情况，将不胜感谢。

如贵公司能提供该公司的经营能力和履行责任情况，将感激之至。

2. 提供下列资料，供贵公司参考。

"提供……，供…参考"是被请求提供帮助的有关公司或银行给请求帮助一方答复的用语。用这一句引出所提供的具体内容。

例如：

提供下列情况，供贵公司参考。

提供几点线索，供贵公司参考。

提供两点确切消息，仅供参考。

提供几件实例，供贵公司分析参考。或者说

　　　　提出下列意见，仅供参考。
　　　　提出几点看法，仅供参考。
3. 对于你们提供的资料，将予以保密。
　　　　"对提供的资料……保密"这是信用调查信函的特点，请求提供资料的一方，在信中要向征询对象保证给予保密；提供资料的一方在复信中也提出请对方给予保密。
　　　例如：
　　　调查一方：
　　　对于贵行所提供的任何资料我们都将严加保密。
　　贵方提供的情况，我们会绝对保密。
　　　贵方复信的内容，我们一定保密。
　　　被征询一方在复信的结尾常写上：
　　　对所提供的资料不负任何责任，并请予以保密。
　　　请保证对我们提供的情况绝对保密。
　　　我们确信，你方会对此严格保密。

四、写作练习

1. 某公司向银行调查新客户的资金、信誉等情况，请你写一封征询信。
2. 银行答复某公司新客户资金、信誉等情况良好，建议他们可以建立业务联系，请你代银行写一封复信。
3. 向××公司了解要求作为代理客户的经营能力、商业信誉、履行合同及付款等情况。请你写一封信。
4. ××公司答复，要求作为代理客户的经营能力差，信誉情况不好，欠资较多，无力偿还。请你写一封复信。
5. ××公司答复，要求代理的客户在本地享有盛誉，业务实力很强，资金雄厚，请你写一封复信。

第15课 建立业务关系

一、指　　导

业务关系的建立，是交易开始和发展的基础；要扩大业务，就必须在巩固发展已有的业务关系的基础上，不断建立新的业务关系。

通过书信建立业务关系，一般是发信的一方，在通过一定途径得到对方的名称、地址、并经过初步信用①调查后，向对方发信。

信的内容通常包括以下几方面：
1. 怎样得知对方的名称和地址的。
2. 希望购进和销售的商品及有关条件。
3. 向何处了解了写信人的信用情况。
4. 表明建立业务关系的愿望。

写这类书信应注意：
1. 内容要引起收信人的兴趣，力争取得对方的合作，以达到写信的目的，获得理想的反应。
2. 语言要诚恳、自然，让对方确实感到有诚意而可以信赖②。
3. 内容要简洁、清楚、有礼貌。
4. 尊重国际贸易习惯。

词　语

① 信用　　xìnyòng　　credit　　信用

②信赖　　xìnlài　　　　trust　　　　　信頼する

二、例　文

例一　某出口公司给进口商的信

中国××公司：

　　从《世界贸易新闻》上得知你公司是贵国主要照相机进口商之一。为此，特函告，我们最近已生产出新型号"佳美"牌照相机。我们对该照相机的机械和功能进行了严格认真地试验，证明它是高效能的，这在随函寄去的图解①目录中已清楚说明。

　　由于这种照相机有很多改进②之处，你公司发现它的价格（每架成本③加保险费④、运费到上海价250美元，包括附件在内）是有竞争力的。该照相机有两年保修期⑤。

　　如果贵公司有意经营"佳美"牌照相机或目录所列的其他照相机，请告知贵公司所需要的数量以及与你们有业务往来的银行名称及地址。

　　保证给予最好的服务。

　　我公司的资信情况如下：××银行北京分行、××照相器材厂北京营业部。

　　　　　　　　　　　　　　　　　　　××国××公司
　　　　　　　　　　　　　　　　　　　一九九四年八月八日

词　语

①图解	tújiě	diagram	図解，イラスト
②改进	gǎijìn	improve	改善する，改良（する）
③成本	chéngběn	cost	コスト、原価

| ④保险费 | bǎoxiǎnfèi | insurance premium | 保険料 |
| ⑤保修期 | bǎoxiūqī | limit to guarantee to keep sth in good repair | 保証期間 |

例二　进口商给出口公司的肯定答复：希望进口该公司"佳美"照相机

××公司：

　　谢谢贵公司一九九四年八月八日来函，信中表达了你们对我们照相机进口业务的兴趣。我们认为"佳美"牌照相机的价格和质量很有吸引力①。因此，我们有兴趣同你们开展这项照相机的贸易。

　　正如贵公司所知，我们与当地的许多照相机经销商有着密切的联系。他们的销售范围很广，所以，我们可以向贵公司大量订购。具体数量及条件见附表。

　　至于我们的资信情况，可向××银行查询。盼速答复。

乌有公司

一九九四年九月一日

词　语

| ①吸引力 | xīyǐnlì | appealing | 吸引力，引きつける力 |

例三 进口商给出口公司的否定答复：
　　　　因故暂不能进口"佳美"相机

××公司：

　　贵公司一九九四年八月八日函悉①，谢谢你们对我公司的信任。来函介绍了贵公司的新产品，对此我们颇②感兴趣。但因我们已经接受×国一家照相机厂委派③为他们的代理，推销他们的产品，因此，在代理合同期满以前，我们不能同你公司进行贸易，这一点希望你们谅解。你们的来信及商品目录将存档备查，希望以后有机会能与你公司合作。

　　再次感谢你们，并希望今后能经常取得联系。

乌有公司
一九九四年八月二十日

词　语

①函悉	hánxī	know by mail	手紙から分かる
②颇	pō	rather	なかなか、すこぶるたいへん
③委派	wěipài	appoint; delegate; designate	任務を委託ねて派遣する

例四 进口商给出口商的信：询购人造革提包

中国化妆品出口公司：

　　××商会已把贵公司的名称和地址告诉我们，并介绍贵公司是一家很大的化妆品和提包出口商，化妆品是我们主要的进口商品，但目前我们特别有意从贵国进口人造革提包。

如果你公司能保证价格可行①，品质优良，交货迅速，我们能大量经营该商品。为此，希望你们提供全套样品和最低报价②，以及其他条款③和条件等。

至于我们的信用情况，请向下列银行了解：

××银行北京分行

请接到信后尽快答复为盼。

×××进口公司

联系人：×××××

一九九四年二月一日

词　语

①可行	kěxíng	feasible	適当だ，割合よい
②报价	bàojià	quoted price	オファー，売買契約の申し込み
③条款	tiáokuǎn	clause	条項，条款

例五　出口商给进口商的肯定答复：愿建立业务关系

×××××先生：

接你公司二月一日来函，得悉你公司意愿进口我们公司的产品，我们十分高兴，我们愿与你公司建立直接业务关系。

现寄去人造革提包样品及有关价目单。化妆品报价单在两、三天内另行寄奉①。

请您注意，第135号和213号两项，一接到你们的定单②，马上可以装运，请开立金额与定单相等的、不可撤销的、保兑的信用证，信用证有效期为六十天。

请特别注意，如果你们不迅速订购，由于这些货物的原料③

成本不断上升，我们将被迫提价，因而不能担保④按现行⑤价格供货。

相信能尽快收到你公司的初次定单。

中国化妆品出口公司
一九九四年二月二十六

词　语

①寄奉	jìfèng	send by mail	お送りする，郵送いたす
②定单	dìngdān	order form	注文書，注文リスト
③原料	yuánliào	raw material	原料
④担保	dānbǎo	assure	保証する
⑤现行	xiànxíng	currently in effect	現行の

三、常用语例解

1. 我们从《世界贸易新闻》上得知，贵公司是贵国主要照相机进口商之一。

   "从……得知"在建立业务关系的信函中，常用作主动联系业务的信函的开头语，用来说明是怎样得知对方名称和地址的。

   例如：

   从中国驻××国大使馆商务处得知，贵公司愿同我公司建立业务关系。

   从×××公司处得知贵公司愿与我公司进行贸易。

   我们从《经济信息》上得知贵公司渴望购买纯棉内衣。

"得知"也可以说成"获悉"。

也可以说：

×××建议我们与贵公司联系。

×××转达了贵公司愿与我公司建立业务关系的愿望。

2. 8月8日函悉。我们对贵公司的照相机颇感兴趣，愿建立直接业务关系。

"×月×日函悉。我们对……颇感兴趣，……"一句式在建立业务关系的书信中常用作进口商复信的开头语，表明自己对出口商信函所提要求的态度。

例如：

×月×日函悉。我们对贵方的玩具颇感兴趣，愿与贵公司建立业务关系。

×月×日函悉。我们对贵方的照相机颇感兴趣，然而遗憾的是我们已与×国××公司签约，作他们的代理。

×月×日函悉。我们对贵方的工艺美术品颇感兴趣，愿建立业务关系。

×月×日函悉。对贵方的文化用品颇感兴趣，望寄送有关资料。

3. 8月8日函悉。感谢贵方的信任，我们愿提供贵公司感兴趣的一切产品资料。

"×月×日函悉……愿提供……资料。"常用作出口商复信的开头语，对进口商主动发函的感谢及答复。

例如：

×月×日函悉。感谢信任，愿提供贵方所需的出口化妆品目录及价格表。

×月×日函悉。感谢信任，愿提供最低报价及全部条款和条件。

×月×日函悉。感谢信任。愿提供贵方索要的商品目录、样本及产品说明书。

×月×日函悉。感谢信任。愿提供对贵公司有用的全部资料。

四、写作练习

1. 家用电器出口商从××处得知××公司在某处经销家用电器，而且生意兴隆，信誉很高，打算同他们建立业务关系，请你写一封信。
2. 进口商收到出口商关于建立业务关系的信后，经过研究，决定同意建立业务关系，请你写一封复信。
3. 进口商给生产厂家的信，希望与他们建立业务关系，并希望进口他们的工艺品，要求提供样品及报价。请你写一封信。
4. 生产厂家给出口商的信，同意建立业务关系，并寄去样品及报价。请你写一封复信。
5. 生产厂家给出口商的信，因某种原因，不同意建立业务关系，请你写一封复信。

第16课 推 销①

一、指 导

向买方推荐、介绍自己的商品，说服、促使②买方订购，这种工作叫推销。

推销的方式很多，如举办样品展览，进行现场操作表演、进行药物实验、带样品登门介绍、到进口地举办食品品味活动等等。这些都需要先用书信进行联系。

推销信的内容一般包括以下三个方面：

1. 对商品的特点进行充分介绍；
2. 准备采用的具体推销方式；
3. 用"库存有限③"、"免费试用④"、"提供服务"等语句敦促对方订货，快订、早订。这些"语句"要有真实性，许诺必须兑现。

词 语

①推销	tuīxiāo	promote sales; market; peddle	販路を広める，売りさばく
②促使	cùshǐ	urge	……するように仕向ける，促進する
③库存有限	kùcún yǒuxiàn	goods kept in stock limited	在庫品に限りがある
④免费试用	miǎnfèi shì	probation free of	無料で試用する

yòng　　　　charge

二、例　文

例一　推销新药"101E粉刺一扫光①"

×××公司

以研制"101E 发宝"而闻名于世②的我国著名皮肤科医生、养发、护发、美容、护肤专家赵章光又研制出护肤新药"101E 粉刺一扫光"，现已在章光厂批量生产③，并通过我公司向国外销售。

该药是根据粉刺发生的机理④，采用清热⑤、解毒⑥、解暑⑦、祛风⑧、除潮的天然中草药，经科学的方法提取⑨的珍品⑩。此药具有调整皮脂腺⑪分泌⑫、疏通⑬毛孔、杀灭细菌、消除粉刺的功效。用后不留斑痕⑭、色素⑮，使皮肤在短期内变得光滑、细腻。经临床跟踪观察500例，有效率达99.9%。一般一周内显效。专家们认为，"101E 粉刺一扫光"的效果目前居世界领先水平。"101E 粉刺一扫光"与"101E 发宝"一起在不久前于纽约举行的第十四届世界发明展上，获得金牌。

贵公司多年来一直经营我医药产品，为感谢贵公司与我密切合作，这种世界瞩目⑯的一流产品一出世，即首先通知贵公司。随信寄去标有参考价格的产品目录一份、获奖证书复印件一份、样品一盒（12瓶）供免费试用。本品将与当初"101E 发宝"一样，很快将成为国际市场的抢手货。

目录上的参考价低于成本，只为试销，毫无利润，一俟打开市场，价格将大幅上调。

望速寄来订单，可视供货能力，予以供应。

海南实业有限公司
1994年6月19日

词　语

① 粉刺一扫光	fěncìyīsǎo guāng	make a clean sweep of acne	にきびを一掃する，にきびをみな取り除く
② 闻名于世	wénmíng yú shì	be famous throughout the world	全世界にその名を知られている
③ 批量生产	pīliàng shēngchǎn	batch process	大量生産する
④ 机理	jīlǐ	principle	メカニズム
⑤ 清热	qīngrè	antipyretic	解熱する
⑥ 解毒	jiědú	detoxify; detoxicate	解毒する
⑦ 解暑	jiěshǔ	allay a fever	暑気を払う
⑧ 祛风	qūfēng	to expulse the wind	リューマチを治す
⑨ 提取	tíqǔ	take delivery of; take out	精錬して取り出す
⑩ 珍品	zhēnpǐn	treasure	珍品
⑪ 皮脂腺	pízhīxiàn	sebaceous glands	皮下脂肪腺
⑫ 分泌	fēnmì	secrete	分泌する
⑬ 疏通	shūtōng	dredge	流れをよくする，疏通する
⑭ 斑痕	bānhén	fleck	傷あと
⑮ 色素	sèsù	pigment	色素
⑯ 瞩目	zhǔmù	focus one's attention upon	ひとみを凝らす，目を着ける

例二　推销"莫洛"电子打字机

××公司：

此信从口授①、打字到装入信封投递②，这一切可以在六分钟内完成。

情况确实如此！所有这些，用跑表计算，恰恰在六分钟内做完。

能以这么快的速度完成这样的一封信，这究竟是怎么一回事呢？好，让我们来说说吧。

这封信被口授给一台"莫洛"电子打字机③，不要误会④了，它不是预先速记⑤下来，然后由打字员复打的，是直接口授给打字机本身。由于该机速度如此之快，以致于速记成为过去的东西⑥。

为向您证明，我们可以训练您办公室里任何一个能干的速记员，他可以象说话一样快的速度直接口授给"莫洛"电子打字机。这意味着"莫洛"电子打字机能以每分钟打80—140个字的速度工作。

如贵公司有兴趣，我们可带着机器去贵处进行实地操作表演⑦。如决定订货，我们愿免费举办一期操作技术训练班。

恭候赐复⑧。

莫洛公司
1994年9月10日

词　语

① 口授　　kǒushòu　　dictate; oral instruction　　口授する

②投递	tóudì	deliver	配達する，届ける
③打字机	dǎzìjī	typewriter	タイプライター
④误会	wùhuì	misunderstand	誤解
⑤速记	sùjì	shorthand; stenography	速記する
⑥由于……以致于……	yóuyú……yǐzhìyú……	owing to...that	……のためこ……の結果になる
⑦实地表演	shídì biǎoyǎn	on-the-spot performance	その場で実演する
⑧赐复	cìfù	favour sb. with a reply	ご返事たまわりたくお願いいたす

例三 推销食品

×××公司

在今年三月份举行的广州出口商品交易会上，我们应一些熟悉的国际商界朋友的请求，举行了一次食品品味活动，对我公司出口的许多罐头①新产品进行了品味②评议。品味结果，一致认为这些罐头食品质优味美③，而且合乎欧洲人的口味，当即④达成大批交易。现将这些新产品的商品目录和价格表随信寄去。是否也可在贵地举办一次这样的品味活动，以贵公司的名义⑤出面组织，所需食品由我方专门寄送。贵公司可根据品味活动的结果，再决定是否订货。

盼早日答复。

中国××食品公司
1994年4月2日

词　语

①罐头	guàntou	can; tin	缶詰め
②品味	pǐnwèi	taste; savour	味わう，味を見る
③质优味美	zhì yōu wèi měi	of high quality good taste	品質もすぐれていて味もおいしい
④当即	dāngjí	at once; right	すぐさま，直ちに
⑤以……名义	yǐ……míngyì	in the name of	……の名義で

例四　推销布鞋

太平洋公司：

　　贵公司经营我皮鞋进口业务已有多年历史。最近，我公司准备增加一项布鞋出口业务。

　　中国布鞋近几年来在西欧和北美市场已成热门①产品，许多人把收藏中国布鞋作为时尚②竞相夸耀③。中国布鞋用料考究④，轻便舒适；品种多，型号全，样式新颖，坚固耐磨。

　　为使贵地广大消费者了解我产品的质量和样式，我公司打算携带各种型号、样式的产品去贵地举办一次布鞋展示⑤会，会上向贵地用户做原料耐磨、吸潮、透气等各种性能的实地科学演示⑥。如贵公司认为此法可行，我们想于8月1日至8月14日举办活动。请贵公司协助筹备场地，向贵公司经销商发函邀请，向当地消费者进行宣传。一应⑦费用待活动完毕，通过在贵地的中国银行一次性支付。

为使贵方作到心中有数，现寄奉一箱含各种式样、颜色的产品供有关人员免费试用。贵公司可待展示会后，视贵地用户反映，再商议是否订货。

随信寄去一份商品目录和价格表。贵公司有何要求和建议，请来函提出。

蒙早日赐复，不胜感激。

中国鞋类进出口公司
1994年6月11日

词　语

①热门	rèmén	popular	熱門
②时尚	shíshàng	fashion; fad	当世風
③夸耀	kuāyào	brag about	顕示する，ひけらかす
④考究	kǎojiū	exquisite; fine fastidious	講究
⑤展示	zhǎnshì	reveal; show	展示する
⑥演示	yǎnshì	demonstrate	演示する実演をして見せる
⑦一应	yīyīng	all; everything	全部

三、常用语例解

1 以研制"101E发宝"闻名于世的著名皮肤科医学专家赵章光又研制出护肤新药"101E粉刺一扫光"

"以……闻名于世的……又……"一语在推销信中，常用来推销著名厂家或著名专家又推出的新产品。以利用名牌抬高新产品的身价。

例如：

以烹制北京烤鸭闻名于世的北京全聚德，又推出北京烤鸡、北京烤鹅、北京烤兔等系列新产品。

以研制云南白药闻名于世的白山制药厂又研制出特效新药生肌灵。

以酿制茅台酒而闻名于世的贵州酒厂又研制出具有舒筋、活血、抗衰老等疗效的低度、保健药酒益寿补酒。

以生产杭纺丝绸闻名于世的杭州丝织厂又研制出丝麻混纺新产品丝麻纱。

2. 为使广大消费者了解我产品，我们打算前去贵地举办布鞋展示会。

"为使……"在推销信中表示将举办（或"采取"）某种推销活动的目的，用来引出推销方式。

例如：

为使贵公司先睹此种新药的神效，现寄上样品及说明书。

为使贵公司了解我打字机的性能，我们愿登门为您进行操作表演。

为使贵公司的经销商踊跃订货，我们想在贵地举办一项品味活动。

为使贵方对我轻工业品有所了解，现航寄商品目录和部分样本，供贵方参考。

有时也用"如贵方有兴趣，我们将……"来引出推销方式。此种句式一般适用于需要对方协助、配合的推销方式，如亲临表演、到出口地举办展览、展示、食品品味活动等。

3. "101E粉刺一扫光"与"101E发宝"一起在不久前于纽约举行的第十四届世界发明展上获得金牌。

在什么范围内获得过什么荣誉或赞誉，是为产品质量的可靠性提供佐证。在推销信中，用在对自己产品特点充分说明之后，作为对产品质量的总结。

例如：

这些罐头食品在广交会上经品味评议，得到一致肯定。

中国布鞋在西欧、北美已成为热门货。

此种电子口吃矫正器生产以来，荣获国内名、优、特、新产品金鹰奖，青年科技成果二等奖、"家家乐"全国创新三等奖。

本品已在欧洲许多国家推广，深受广大用户好评。

四、写作练习

1. 用举办品味活动的办法，向中国食品进出口公司推销你公司新推出的各种方便食品。
2. 向中国烟酒进出口公司推销你们国家一种最有名的酒。
3. 向中国机械进出口公司推销配套的农业机械，建议到北京郊区进行实地操作表演。
4. 向中国电子技术进出口公司推销你公司的系列计算机，要求到进口地举办样品展览，并进行操作表演。

根据以上各项要求，分别写一封推销信函。

第17课 询 盘①

一、指 导

卖买双方第一次进行交易，或已建立贸易关系的买方准备订货前，要向卖方了解货物的价格、样式、质量、付款方式、交货日期等情况。这种由买方发出的口头或书面的询问，叫询盘。

询盘信函一般包括以下几点内容：

1．说明商品信息②的来源③：初次询盘要说明是从何处得知对方的名称和地址的；简单介绍自己一方的业务性质和经营范围。已建立贸易关系的，买方准备订购新产品时，要说明收到了对方的商品目录④或收到了对方主动联系业务的信函。

2．表明对对方某种产品有兴趣，希望得到对方的最优惠报盘⑤，往往还列出请报项目。一般要求报产品质量、种类、规格、价格、交货期、付款方式等主要项目。

3．表达如果质量、价格合适，准备订货或签订长期供销合同⑥的愿望。

4．表示愿与对方合作的诚意。

5．要求对方寄送样品和品质说明书。

根据双方关系，有时可省去其中的某些部分。例如，已有长期贸易协定的，有些项目早已形成习惯作法，或一向依据国际惯例，就可不必询问。对长期合作的老关系户，也不必再表示合作的诚意。

词　语

①询盘	xúnpán	inquiry about	インクワイアリー
②信息	xìnxī	information; news; message	情報，音信，便り
③来源	láiyuán	source; origin;	出所，……から出ている
④目录	mùlù	catalogue; list; contents	目録
⑤报盘	bàopán	otter	クオーテーション
⑥供销合同	gōngxiāo hétong	supply and marketing contract	供給販売契約

二、例　文

例一　香菇询盘

中国土产进出口公司：

　　据曼彻斯特海外贸易有限公司①告知，你公司出口香菇和各种食用菌②类。食用菌是我地人们喜爱的食品之一，尤其是香菇，更被视为营养佳品③。因此，去函询问贵公司目前是否有此货供应。如有，请寄送各种食用菌的商品目录、包装、以及最优惠成本加运费④加保险费到汉堡的西德马克价。并请寄送⑤标明⑥价格的各种样品。

　　如果你方货物品质⑦优良，价格公道⑧**合理**⑨，我公司可考虑与贵公司签订长期供销合同。

希望尽快收到上述资料,相信能与贵方进行互利交易。

××××公司

1994年5月25日

词　语

①海外贸易有限公司	hǎiwài màoyì yǒuxiàn gōngsī	Overseas Trade Corporation	海外貿易有限会社
②食用菌	shíyòngjūn	edible bacterium	キノコ類
③营养佳品	yíngyǎng jiāpǐn	good nutriment	栄養に富んでいる食品
④运费	yùnfèi	transportation expenses	運賃,運送料
⑤寄送	jìsòng	transport	送る
⑥标明	biāomíng	mark	表記する,明示する
⑦品质	pǐnzhì	quality	品質
⑧公道	gōngdào	fair	公平である,公正である
⑨合理	hélǐ	reasonable	合理的である

例二　天坛牌男衬衫询盘

中国轻工业品①进出口公司:

　　贵公司四月五日来函,询问天坛牌男衬衫在我地市场能否找到销路。恰巧我公司正考虑进口一批中国产男式衬衫进行试销。七八月份是我地长袖衬衫的销售季节。如你方衬衫品质优良、价格有竞争性,且能在五月低、六月初供货。我方准备先订两千打。可分批装运。

请按下列条款和条件②报盘：

1. 最低到岸价格③：含佣金④百分之五。
2. 最早装运期
3. 每批可供货数量
4. 付款条件⑤
5. 包装
6. 商品规格

请立即以航邮将样品寄来，并确保商品能与样品完全一致。盼望尽早报来最优惠实盘。

福特纺织品进出口公司
一九九四年四月十二日

词　语

①轻工业品	qīnggōngyèpǐn	light industry product	軽工業品
②条件	tiáojiàn	condition	条件
③到岸价格	dào'àn jiàgé	C.I.F. (cost, insurance and freight) price	運賃保険料込み値段，C.I.F.
④佣金	yōngjīn	commission	口銭仲介料
⑤付款条件	fùkuǎn tiáojiàn	payment requirement	支払い条件

例三　带壳核桃①询盘

中国土产进出口公司：

我们现在正想进口一批带壳核桃。

根据西门子电器公司介绍，你公司有该产品出口，因此去此信询问该产品的规格、品种、包装、成本加保险费运费价格、折扣和交货期等详细情况。

我们打算在圣诞节前销售此货,请尽快答复。十一月十五日收不到贵方答复,我们将另找货源②。

如你方能在十二月上旬供货,且价格公道,我们将大批订购。劳神之处予先致谢,对于你方的报盘我们一定仔细认真考虑。

希望这是长期互利关系的良好开端。

×××公司
一九九四年十月十五日

词　语

①带壳核桃	dàiké hétao	walnut	カラつきのクルミ
②货源	huòyuán	source of goods	物資の供給源,商品の仕入れ先

例四　自行车询盘

中国机械进出口公司:

本公司经营自行车进口业务,我国各地均有经销商销售我公司进口的自行车。海湾战争带来世界性能源危机,石油价格大幅度上涨,我国受到很大冲击。为节省能源,我国政府号召城市居民利用自行车这一轻便工具,骑车上下班。现国内自行车需求量骤然①上升,市场自行车严重短缺。

中国是世界第一自行车大国,贵国生产的"飞鸽"、"永久"、"凤凰"三个牌子的自行车蜚声海外②,特致函寻求货源。如以上三种牌号自行车有现货供应,望报最优惠实盘。如所报价格适销我地，我们可大宗订货。具体数量待收到报盘后再作商定。

　　盼早日赐复。

××国××公司
1992年3月15日

词　语

① 骤然　　　zhòurán　　　suddenly; abrupt-　　にわかに，た
　　　　　　　　　　　　　ly　　　　　　　　ちまち
② 蜚声海外　fēishēng hǎiwài　make a name　　　海外で有名にな
　　　　　　　　　　　　　abroad; become　　る
　　　　　　　　　　　　　famous abroad

三、常用语例解

1. 据曼彻斯特海外贸易有限公司告知，贵公司出口各种食用菌。

　　"据……告知"，意思是根据××提供的情报，知道了对方有某种商品供应。此句式常用于初次询盘信函的开头，说明己方商品信息的来源。"据……告知"还可说成"据……介绍"、"据……推荐"。

　　例如：

　　据西门子公司介绍，贵公司有该产品出口。

　　据中国驻大阪领事馆商务处告知，贵公司经营文化用品出口业务。

　　据设在此地的中国商务会馆推荐，贵公司经营中医成药出口业务。

　　据设在莫斯科的中国饭店介绍，贵公司经营方便食品出口业务。

2. 请报最优惠实盘。

  "请报……"常用于询盘信中，表示希望得到己方感兴趣的商品的报盘。

  例如：

  请报最低到岸价格。

  请报包括佣金5%的最低价格。

  请报成本加运费的到岸价格。

  请报成本加运费、加保险费到西贡的美元价格。

3. 如贵方价格公道合理，我公司可考虑与贵公司签订长期供销合同。

  "如贵方……，我方……"用来表达如果对方能满足某种要求，就准备订货或签订合同的愿望。

  例如：

  如贵方衬衫品质优良，价格有竞争性，我方准备先订购2000打。

  如贵方所报价格适销我地，我方可大宗订购。

  如贵方能给以特别优惠，我方可考虑建立长期供销关系。

  如贵公司能保证按时、按量供货，我方可考虑专门经营贵公司进口产品。

四、写作练习

1. 你公司要买进二百包中国新疆羊毛，由你给中国土畜产进出口公司写一封询盘信函。
2. 你公司准备进口一批中国印花棉布床单，由你给中国纺织品进出口公司写一封询盘信函。

3. 你公司要进口一批玉米,请你给中国粮油进出口公司写一封询盘信函。
4. 你公司要进口一批工艺美术品,请你写信向中国工艺美术品进出口公司询盘。

第18课 报 盘

一、指 导

报盘是卖方对买方询盘的答复。也叫报价。

报盘信函一般包括以下四方面的内容：

1. 收到了对方的询盘，并对询盘表示感谢。

2. 对对方询盘中提出的询问进行答复，或按惯例提供报盘，包括货物名称、种类或规格、数量、包装、单价、付款方式等。

3. 对自己产品的特点、服务情况、优惠条件等进行介绍，以劝说对方接受报盘并早日订货。

4. 说明随信寄去的附件①名称，如"随信寄去商品目录②和价格表③"或"随信寄去品质说明书"。有时写"样品另封寄送"等附言。

报盘分实盘④和虚盘⑤两种。报了实盘，一被对方接受，就不能再变动；报了虚盘，对所报条件可以中途更改，虚盘对报盘人没有约束力⑥。

虚盘的表示方法有以下三种：

1. 只报一个含混⑦的内容。例如使用"参考价⑧"、"可能接受的价格"、"数量视我供货的可能性"等不肯定，不明确的词句。

2. 主要交易条件不全报。如数量、价格、交货期等暂时定不下来的主要条件权且不报。

3. 在报盘最后，注明保留条件⑨，常用"以我方最后确认为准"、"以我货未售出为准"。

当货物价格正呈上涨趋势⑩，或对询盘一方的资信情况尚不了解，或货源没有落实⑪等情况下，可先报虚盘，待问题解决后，再决定实地行动。

词　语

①附件	fùjiàn	appendix; annex	附属文書，関連文書
②商品目录	shāngpǐn mùlù	contents of goods	商品目録
③价格表	jiàgébiǎo	price chart	価格表
④实盘	shípán	binding offer	ファーム・オファー
⑤虚盘	xūpán	non-firm offer	フリーオファー
⑥约束力	yuēshùlì	restrict	制約の力
⑦含混	hánhùn	indistinct	はっきりしない，あいまいだ
⑧参考价	cānkǎojià	reference price	参考価格
⑨保留条件	bǎoliú tiáojiàn	condition of retaining	保留条件
⑩趋势	qūshì	tendency; trend	成り行き，すう勢
⑪落实	luòshí	carry out; fulfil; implement	着実にする，実行する

二、例　文

例一　食用菌报盘

×××公司：

　　贵公司1994年5月25日来函收到。感谢贵公司对食用菌的询盘和曼彻斯特海外贸易有限公司的推荐。

现报盘如下：

目前我公司现存可供出口的食用菌有四种。一律木箱包装，每箱净①重8公斤，内装16盒，每盒500克。每箱成本加运费到柏林价如下：

1. 猴头菌②：1280美元
2. 香菇：960美元
3. 元蘑③：800美元
4. 真蘑④：640美元

样品也同时寄出。按商品包装，每种四盒装入一个出口木箱内，望查收⑤。

从样品可以看到，本品都是经精心⑥挑选⑦，品质优良、包装精美⑧，食用方便，在西方和南亚市场都是抢手货⑨，目前收到的订单很多，货物供不应求⑩。谨望你方尽早答复，否则实难留货，望见谅。

中国土产进出口公司
1994年6月6日

词　语

①净重	jìngzhòng	net weight	純重量，正味重量
②猴头菌	hóutóujūn	bedgehog hudnum fungus	ヤマブシタケ
③元蘑	yuánmó	a kind of mushroom	キノコの一種
④真蘑	zhēnmó	a kind of mushroom	キノコの一種
⑤查收	cháshōu	please find	査収する

146

⑥精心	jīngxīn	meticulously	丹念だ，綿密だ
⑦挑选	tiāoxuǎn	choose	選ぶ，選択する
⑧精美	jīngměi	elegant	精美だ，精巧で美しい
⑨抢手货	qiǎngshǒuhuò	best-selling goods	人気商品
⑩供不应求	gōngbúyìngqiú	supply falls short of demand	供給が需要に応じきれない

例二　天坛牌男衬衫报盘

××××公司：

　　贵方1994年4月31日询盘收悉。感谢你们的询价。现高兴地按贵方询盘中提出的条款和条件报盘如下：

　　1．规格：染色的确良①（聚脂纤维②65%、棉35%、寸密133×72）。型号ＰＭＣ9—71332

　　长袖、尖领、夏威夷式方角全开衿，有胸袋一个。

　　2．价格：每打成本加运费，到伦敦价40美元。（包括佣金5%）

　　3．数量2000打

　　4．包装：每箱装10盒、每盒装一打，是白色塑料盒，可防水渍。每件外套一个塑料袋。

　　5．装运期：1994年5月底前，一次交清。

　　6．支付：以我方为受益人⑧的不可撤销④即期信用证⑤。信用证开到我方后7天内装运。各种尺码样品已另封寄去。以上报盘如觉合适、请速来函接受，以便我方确认。

中国轻工业品进出口公司
1994年5月8日

词　语

①的确良	díquèliáng	dacron	テトロン
②聚脂纤维	jùzhǐxiānwéi	polyestec fibre	ダクロン
③受益人	shòuyìrén	beneficiary	利益を受ける人
④不可撤销	bùkěchèxiāo	that can not be cancelled	取消不能
⑤即期信用证	jíqī xìnyòng zhèng	sight letter of credit	ユーゲンス・クレジット

例三　带壳核桃报盘

××××公司：

贵公司10月20日来函，要我方报带壳核桃实盘。我们高兴地看到，我们两国之间的贸易关系正在稳步①发展。为了增进合作与友谊，现报最优惠实盘如下：

按询盘中提出的数量，50吨带壳核桃，直径30公分及以上，允许含小率②3%，由我方挑选，成本加运费到旧金山，含佣金5%，每公吨80000美元。11月底以前交货。凭不可撤销即期信用证付款。

本报盘以我方1994年11月10前收到贵方订单为有效，过期须经我方最后确认。

中国土产进出口公司
1994年10月27日

词　语

①稳步	wěnbù	steadily	着実に確かな足

②含小率　hánxiǎolǜ　less than the rate　取り含小率（決まった規格より小さなパーセント）

例四　自行车报盘

××国××公司：

3月5日来函收悉。感谢贵公司对我自行车给予很高评价①，并向我方介绍了贵地自行供应情况。贵公司函中提到的三种牌号，确是我国同类产品中三大名牌，且声誉经久不衰。目前，此三种牌号均有现货供应。应贵方要求，现报实盘如下：

自行车价格表（按人民币价）元

型＼价	牌	飞鸽	永久	凤凰
28型	男	380.00	400.00	380.00
28型	女	360.00	380.00	360.00
26型	男	350.00	370.00	355.00
26型	女	330.00	340.00	335.00
24型	男	无	无	无
24型	女	280.00	290.00	280.00
20型	男	无	无	无
20型	女	220.00	240.00	230.00

数量：每月20000台以内可保证供应，20000台以上可视我当时供货的可能性。

包装：标准出口扁②纸箱，内套坚固塑料袋密封③防水。每箱一台，拆卸④装运。运输包装用木质标准集装箱⑤，内有塑料泡沫⑥减震⑦模压⑧衬垫⑨间隔⑩。

付款：即期信用证，美元支付。证到后七天内装船，月底运达贵地。

望报盘能为贵方所接受，盼早日寄来订单。

中国机械进出口公司
1994年3月15日

词　语

①评价	píngjià	appraise; evaluate	評価する
②扁	biǎn	flat	平たい，扁平だ
③密封	mìfēng	seal airtight; seal bermetically	密封する
④拆卸	chāixiè	dismantle; dismount; disassemble	分解する，解体する
⑤集装箱	jízhuāngxiāng	container	コンテナー
⑥塑料泡沫	sùliàopàomò	foamed plastics	海綿状プラスチック，プラスチックフォーム
⑦减震	jiǎnzhèn	shock absorption; damping	ショック吸収，減衰
⑧模压	móyā	mould pressing	モールディング；型打ち，型

| ⑨衬垫 | chèndiàn | liner | プレスあて布，ライナー |
| ⑩间隔 | jiàngé | space between two things | 隔てる |

三、常用语例解

1. 感谢贵公司对食用菌的询盘和曼彻斯特公司的推荐。现报盘如下：……

　　有客户询盘，既为出口商带来经济利益，也是对其商品的信任和肯定，因此，报盘信函的开头通常都先对询盘一方表示程度不同的感谢。除感谢买方外，还要感谢推荐的一方，然后再遵照要求给予报盘。

　　又如：

　　感谢贵方询价，现高兴地按贵方要求的条款与条件报盘如下：……

　　感谢对我自行车给予很高评价，现应贵方要求报盘如下：……

　　来函收悉。首先对您希望购买我产品表示感谢，现将供出口的彩色插图商品目录寄往你处，……

　　多谢贵方对我产品感兴趣，现随函附上我方的价格表和付款条件说明。

　　来函收悉，感谢信任，为增进友谊与合作，现报最优惠实盘如下：……

2. 本品在西欧、南亚、北美都是抢手货。

　　此句是介绍自己产品优势的用语，适用于初次报盘和劝说对方订货。

例如：
本品在西欧、北美已成热门货。（布鞋）
本品已在世界三十多个国家销售，得到普遍好评。
本品已远销世界各地，享有很高声誉。
本品远销亚、非、拉、美，受到普遍赞誉。

3. 以上报盘如觉合适，请速来函接受。

此句常用于报盘信函的结尾，敦促对方及早订货。表达同样意思的还有如下说法。

例如：
希望我方报盘能为贵方接受，并盼望早日寄来订单。
谨望贵方尽早答复，否则实难留货。
如能在本月底前提出订单，我们将给予特别优惠。
与国际市场比较一下，就不难发现我货价格的竞争力，相信你会立即寄来订单。

四、写作练习

请为下列三项询盘各写出报盘信函。

1.小型农业机械询盘

日本三菱公司：

最近贵公司寄来的商品目录中，所列的小型农业机械引起我方的注意，其中小型插秧机、锄草机、收割机适合我国当前农村的家庭承包制使用，请报到天津的最优惠实盘。

中国机械进出口公司
1994年10月10日

2. 电视机询盘

日本日立家电公司：

　　贵公司的家电产品在北京久负盛名，深受我地广大消费者的喜爱，如果价格能被我地用户接受，我们准备订购一批20英寸彩色电视机，请报到上海最优惠实盘。

中国电器进出口公司
1994年10月11日

3. 羊毛询盘

澳大利亚羊毛出口公司：

　　我们从澳大利亚驻中国大使馆商务处得知，贵公司出口脱脂羊毛。如果贵公司羊毛质量和价格具有竞争力，我们愿与贵公司签订长期购货合同。请报最优惠实盘，并寄来样品。

　　谢谢合作！

中国土畜产进出口公司
1994年10月12日

第19课 还盘①和接受②

一、指 导

买方接到卖方的报盘后,对报盘中的部分或全部条件表示不能接受,另外提出自己的意见,叫做还盘。如卖方不能接受买方的还盘条件,再提出折中③方案④,或坚持⑤原报盘⑥,叫做反还盘⑦。

交易的一方对另一方的报盘或还盘内容表示完全同意,并愿意按报盘或还盘条件执行⑧,叫做接受。接受一经发出,便在法律上生效⑨。

还盘信件一般包括以下三个部分:

1.对对方认真对待、及时处理己方的报盘(或还盘)表示感谢。

2.提出自己对对方报盘(或还盘)中哪项条件不能接受,摆出不能接受的理由,提出切实可行⑩的解决方案。

3.希望自己的意见能受到对方重视,能为对方所接受。如经过还盘与反还盘多次反复,仍不能取得一致意见,而被迫放弃洽谈时,最后常常要表示,希望以后有合作的机会。

接受信函一般包括以下四点内容:

1.感谢对方及时、认真处理己方信函。或感谢对方为己方提供对方所在地的市场行情。

2.对对方的报盘或还盘表示全盘接受。

3.写明"随信寄去'购货确认书⑪'(或'销售确认书⑫')一式两份⑬,请签退⑭一份"。

4. 对以后的长期合作致以美好的祝愿。

词 语

①还盘	huánpán	counter offer	カウンター・オファー
②接受	jiēshòu	accept	受け取る、認める
③折中	zhézhōng	compromise	折衷する
④方案	fāng'àn	plan; programme; scheme	方案, 案
⑤坚持	jiānchí	persist in; stick to	堅持する
⑥原报盘	yuánbàopán	original offer	原クオーテーション
⑦反还盘	fǎnhuánpán	counter-counter offer	反カウンターオファー
⑧执行	zhíxíng	carry out; put into effect	実施する, 執行する
⑨生效	shēngxiào	become operative; come into force	効力が発生する
⑩切实可行	qièshí kěxíng	feasible	適切で実行に移し得る
⑪购货确认书	gòuhuò quèrènshū	order note; purchase confirmation; purchase note	買付書
⑫销售确认	xiāoshòuquè	sale confirma-	売約確認書

书	rènshū	tion	
⑬一式两份	yīshì liǎngfèn	bipartite	同じ物が二枚
⑭签退	qiāntuì	sign to cancel an order	署名捺印してから返す

二、例文

例一 红茶①还盘

中国土产进出口公司：

　　贵方红茶报盘收到，感谢及时报盘。贵方雷厉风行②的工作作风③令人④钦佩⑤。但我们不得不遗憾地说，贵方所报价格与当今国际市场相差甚远。目前，国际市场红茶过剩⑥，商品竞争⑦激烈⑧，价格大幅度⑨下跌⑩。我们花44美元就能买到10公斤优质红茶，而贵方报价50美元，价格太高。

　　考虑⑪到我们之间的长期友好合作关系，我们认为每箱（10公斤）45美元，不能再高了。请贵方考虑。如能接受上述价格，还请把装船期由年底提前到11月底，好抢⑫在圣诞节前上市，以赶上这个销售高峰⑬。望贵方斟酌⑭。

美国烟酒公司
1993年10月1日

词语

①红茶	hóngchá	black tea	紅茶
②雷厉风行	léi lì fēng xíng	vigorously and resolutely	疾風迅雷
③作风	zuòfēng	style	作風，やり方
④令人	lìngrén	make; cause	……させる

⑤钦佩	qīnpèi	admire	敬服する，感服する
⑥过剩	guòshèng	excess	過剰
⑦竞争	jìngzhēng	compete	競争する
⑧激烈	jīliè	intense, sharp; acute	激しい
⑨大幅度	dàfúdù	a big margin	大幅に
⑩下跌	xiàdiē	drop	下がる，下落する
⑪考虑	kǎolù	consider	考える，考慮する
⑫抢	qiǎng	vie for	先を争う
⑬销售高峰	xiāoshòu gāofēng	peak of selling	販売のピーク
⑭斟酌	zhēnzhuó	consider; deliberate	しんしゃくする

例二　红茶反还盘

美国烟酒公司：

　　贵方10月1日函收悉。感谢贵方合作，告知贵地市场行情①。接到信后，我们十分重视贵方提供的市场情报，特地把近期市场信息作了分析、比较。但根据我方收集②到的国际市场最新信息表明，红茶并无明显③过剩趋势，价格浮动④也属正常范围之内。而且我红茶素来⑤以品质优良蜚声海外。我们又一次与其它产品作了比较，确信国际市场上的同类产品都与我产品存在着明显差距⑥。到目前为止，我们已经以向贵方报盘的价格达成了大量交易，并且每天仍收到很多订单，足可以证明我产品的优势

⑦。我们认为，我方提出的价格相当合理，没有让价⑧的理由，决定坚持原价⑨，甚表歉意。

希望贵方重新考虑，如我报盘的价格，可以接受，望速寄来订单。如贵公司能找到更理想的货源，我们很愿意在其他方面有机会与贵公司合作。

我方可以保证，今后你方所有的询盘信函都将一如既往⑩，会立即受到注意。

中国土产进出口公司
1993年10月5日

词　语

①行情	hángqíng	quotationsl on the market	市況，相場
②收集	shōují	collect	集める，取り集める
③明显	míngxiǎn	obvious	はっきりしている，明らかである
④浮动	fúdòng	be unsteady; fluctuate	自由変動，不安定
⑤素来	sùlái	always	以前から，もともと
⑥差距	chājù	gap; disparity	ギャップ，へだたり
⑦优势	yōushì	superiority	優勢
⑧让价	ràngjià	give in in price	値引きする
⑨原价	yuánjià	original price	原価，元値

| ⑩一如既往 | yīrú jìwǎng | as before; as always | すべて今までどおり |

例三　买方接受卖方报盘

中国土产进出口公司：

　　感谢贵方5月26日的食用菌报盘和及时寄来样品。我公司收到报盘，当即与部分经销商①一起鉴赏②了贵方寄来的样品，并博得③了经销商们的一致好评④。现欣喜⑤地告知贵方，对于贵公司的报盘，我们全盘接受，并乐意签署正式协议，我们相信贵公司的资信，样品与商品会完全一致。现寄上我公司的123号购货确认书一式两份，望立即签退一份，以备我方查存。

　　我公司在本地经营山珍⑥海鲜⑦，干鲜果品⑧的进口与批发⑨业务迄今已经十五年了，相信我公司的信誉和与各方面的联系能成为你公司理想的贸易伙伴。希望今后与贵公司建立密切联系，及时收到贵公司的有关商品目录。我们对贵公司的一切信函都将认真答复。

×××公司
1994年6月1日

词　语

①经销商	jīngxiāoshāng	a person who engages in trade	取り次ぎ販売会社
②鉴赏	jiànshǎng	appreciate	鑑賞する
③博得	bódé	win; gain	得る，博する
④好评	hǎopíng	favourable comment	いい評判，好評
⑤欣喜	xīnxǐ	glad; joyful	喜ぶ

⑥山珍	shānzhēn	delicacies from land	山の珍味
⑦海鲜	hǎixiān	delicacies from the sea	新鮮な（生の）海の魚貝類
⑧干鲜果品	gān xiān guǒ pin	dried and fresh fruit	乾燥果物・青果物などの総称
⑨批发	pīfā	wholesale	大口販売する，卸し売りする

例四　卖方接受买方修正价

中国轻工业品进出口公司：

　　感谢你方5月6日电复我方接受减价8%的要求，由于你方的全力合作，对原价作了修正，双方才顺利达成了协议，我们接受你方的修正价，向你方订货如下：

品名：天坛牌男衬衫

规格：染色的确良（聚脂纤维65%、棉35%，寸密133×72）长
　　　袖尖领方角全开衫。有胸袋一只。

价格：每打成本加运费到伦敦价18英磅

数量：2000打

交货日期：1994年5月底以前一次交清。

　　现随函寄去我方购货确认书一式两份，请接到后签退一份。

　　我方正与中国银行联系，开立信用证，信用证一开到，我们**立即告知贵方。**

　　我们急需此货，万望在信用证有效期内按时装运。

×××公司

1994年5月15日

三、常用语例解

1. **红茶报盘收到，感谢及时报盘。**

    还盘和接受书信的开头，往往都要表明收到对方报盘或还盘，对对方及时处理、密切合作，表示感谢。

    例如：

    贵方10月1日函收悉，感谢合作和告知贵地市场行情。

    贵方报盘收悉，感谢贵方及时处理我询盘信函。

    报盘收悉，感谢贵方为我提供贵国商品信息。

    谢谢贵方26日报盘和及时寄来样品。

2. **我们不得不遗憾地说，你方所报价格与当今国际市场行情相差甚远。**

    "不得不遗憾地说……"，常用于还盘信中，引出己方对报盘的不同意见及其理由。

    例如：

    我们不得不遗憾地说，你方所报价格与当今市场行情差别过大。

    我们不得不遗憾地说，贵方报价与国际市场价格差距太大。

    我们不得不遗憾地说，贵方报盘实出我意料之外。

    我们不得不遗憾地说，贵方报价与当今市场行情相去天渊。

3. **目前国际市场红茶过剩，商品竞争激烈，价格大幅度下跌。**

    "目前……过剩，竞争激烈，格价下跌。"在还盘信中，常用此语来向对方介绍本地或国际市场行情，用以证明对方报盘价格太高，不能接受。但所介绍的行情定要真实、可靠。

例如：
目前我地市场××供过于求，竞相压价，争夺买主。
目前国际市场××供大于求，价格下跌，销售困难。
目前，由于全球性经济衰退，市场疲软，购买力下降。
今年南亚红茶丰收，充斥国际市场，价格暴跌。

4. 对于贵公司的报盘，我们全盘接受。现寄上购货确认书一式两份，望签退一份。

"对于贵公司的报盘，我们……接受"是买方接受，请对方签退的叫"购货确认书"。"对于贵公司的还盘，我们……接受"，是卖方接受，请对方签退的叫"销售确认书"。在接受信函中，不论是买方接受卖方报盘，还是卖方接受买方还盘，都要明确表示"接受"，并首先填写好购货或销售确认书，寄给对方，请对方签退。

例如：
对于贵方还盘，我们全盘接受。现寄上我方第128号销售确认书一式两份，请签退一份。

我方接受贵方修正价。现寄上销售确认书一式两份，请签退一份。

对于贵方还盘，我们决定接受。请速寄来订单，以便我方确认与安排发货。

对于贵方报盘，我们全盘接受，现寄上订单，望早日安排发货。

四、写作练习

1. 针对第十八课例三中"中国土产进出口公司写给××公司的带壳核桃报盘"，请你写一封带壳核桃的买方还盘信函。
2. 针对上述买方还盘，写一封卖方反还盘信函。
3. 写一封天坛牌男衬衫卖方接受买方还盘的信。

第20课 订　货

一、指　导

买方一旦接受了卖方的报盘，便立刻开始订货。订货书信是一种必要的例行手续①。因为通过询盘、报盘、还盘、反还盘等反复磋商②，双方已经达成协议，订货书信只是把谈妥③的各项条款和条件作一个书面确认④，作为双方执行的依据，以免发生错误，这是完全必要的。

订货书信必须准确无误，清楚明了。

下面是填写订货单时的参考细则：

1. 商品：名称、编号、式样、颜色、质量
2. 数量：长度或重量，或单位数目
3. 价格：单价、扣率（佣金）总额
4. 包装：箱装，或盒装，或袋装（视具体货物需要）
5. 装运：时间、地点（起运港，目的港）、运输方式、保险
6. 付款：付款方式、付款条件、代理银行
7. 其他：订货单号码、负责订货人签字，填写订单日期。

买方寄出订单，经卖方收到并确认，双方应承担的责任：

买方：

1. 所装货物与订单条件相符，买方应无异议接受。
2. 按议定条件及时付款。
3. 货一到岸迅速验收，如有异议立即通知卖方，如不及时验收，则可视为买方接受货物。

卖方：
1. 依约按时发货。
2. 保证货物与订单相符。
3. 因卖方责任产生发货错误，货物与原订质量、数量、规格等不符，或延误交货，应同意换货、减价、赔偿乃至撤销合同。

目前，一般使用印有上述细则及双方义务的标准订单，只需填明随函寄出即可。

词　语

①手续	shǒuxù	formalities; procedures	手続き
②磋商	cuōshāng	consult; exchange views	協議する，相談する
③妥	tuǒ	get sth. done	すべてを整える
④确认	quèrèn	confirm	確認する，確かめる

二、例　文

例一　订购①丝绸

中国纺织品进出口公司：

贵公司的报盘及样品分别于4月30日和5月2日收悉。十分感谢贵方对我询盘如此迅速处理。愿接受贵方报盘。现随函寄去3009号订单，谨希按订单细则发货是盼。

订单：3009号

	品名	编号	颜色（地）	数量
1. 商品	乔其纱②	0002	深紫 淡紫 石墨蓝 宝石蓝	50000米 50000米 50000米 50000米
	双绉③	0009	苹果绿 奶白 纯白 火红	50000米 50000米 50000米 50000米

2. 价格：（按人民币价）共28,000,000.00元

品名	单价（R.M.B）数量	总额（含佣金5%）
乔其纱0002	60.00元/米×200,000米	12,000,000.00元
双绉0009	80.00元/米×200,000米	16,000,000.00元

3. 包装：

　　外包装：标准出口纸板箱，内衬④防水材料，金属片加固⑤箱角。内包装用挂胶防水棉布打包。

4. 装运：1994年12月1日前装船。起运港：中国天津，目的港：澳大利亚悉尼。由卖方代保水渍险⑥，保险费按发票金额的10%。

5. 付款：

　　信用证付款⑦。1994年12月23日前由卖方通过澳大利亚国家银行北京分行开具以中国纺织品进出口公司为受益人的

不可销撒的信用证。

澳大利亚××公司
1994年11月1日

词　语

①订购	dìnggòu	book an order	注文する，発注する
②乔其纱	qiáoqíshā	georgett	ジョーゼット
③双绉	shuāngzhòu	erepe de Chine	クレープデシン
④内衬	nèichèn	lining	裏張り内層に着る
⑤加固	jiāgù	reinforce; consolidate	補強する
⑥水渍险	shuǐzìxiǎn	water damage insurance	水につかった貨物に対しての保険金を支払う
⑦信用证付款	xìnyòngzhèng fùkuǎn	pay by letter of credit	信用状によって支払う

例二　订购印花细布①

××公司：

贵公司九月十五日寄出的报价单以及印花细布①样品均②已收悉，谢谢。我公司对品质和价格均感满意，并愿在报盘价格和供应现货的条件下订购下列货物：

数量	花式号	单价	总价
10,000米	121	每米2美元	20,000美元
20,000米	132	每米2.2美元	44,000美元

30,000米　　186　　　每米2.6美元　　　78,000美元
（以上所有价格均为广州船上交货价）

　　我公司希望为上述商品开拓③广阔的市场，并打算在不久的将来再向你公司大量订购。

　　我公司通常的付款条件是五十天付款交单④，希望贵公司满意。你公司如需了解我公司的财政情况，请向下列银行查询。

（银行行名及地址：略）

　　其余条款和条件均按国际惯例执行。

×××公司
1994年9月22日

词　语

①印花细布	yìnhuā xìbù	prints; printed calico	捺染布
②均	jūn	equal; even; all	すっかり，全部
③开拓	kāituò	open up	開拓する，切り開く
④付款交单	fùkuǎn jiāodān	documents against payment	支払書類渡し

例三　卖方确认印花细布订单

×××公司：

　　接到贵公司10月20日印花细布订单，十分高兴，并欢迎贵公司成为我公司的客户。

　　现确认按你方来信列明的价格，供应印花细布，并正安排下周由"东风号"轮装出。深信①你公司收到货物后，定会感到完全满意。

贵公司也许不甚清楚我公司的经营范围,现附上目录一份。希望这首批订单能打开彼此间更多的业务往来的大门,建立永久、密切的贸易关系。

中国××公司
1994年10月27日

词　语

① 深信　　shēnxìn　　firmly believe; be deeply convinced　　深く信じる

例四　附有条件的订货

×××公司:

贵公司8月1日来函收悉。我公司对贵公司所报的各种尺码①的纯羊毛女衫感兴趣。根据来函所提的条件,我公司决定试订下列货品,但你公司必须保证在本月底运到我公司。

数量	型号	单价 (R、M、B)	总价 (R、M、B)
600件	L	每件80元	48000.00/元
500件	M	每件70元	35000.00/元
300件	X	每件65元	19500.00/元
200件	S	每件60元	12000.00/元

以上所订货物只有在本月底运到的条件下我方能订购,逾期②不到,我公司保留取消③订单、拒收④货物的权利⑤。

我公司建议货款用托收方式支付,见汇票20天内付款。贵公司是否同意这一条件,敬希告知。

××国××公司
1994年8月7日

词　语

①尺码	chǐmǎ	size; measure	サイズ
②逾期	yúqī	be overdue; exceed the time limit	期限が切れる，期限をすぎる
③取消	qǔxiāo	cancel; call off; abolish	取り消す，廃止する
④拒收	jùshōu	refuse to accept	受入れを拒絶する
⑤权利	quánlì	right	権利

三、常用语例解

1. 我公司对产品质量和价格均感满意，并愿在报盘价格和现货供应的条件下订购下列货品。

   "对……感到满意"，常用于订货信函的开首。因为对商品和价格感到满意，是买方订货的先决条件。有了这个先决条件，才能谈到附加条件。紧接着，买方提出订货的附加条件。

   例如：

   我方对样品和报价感到满意，如贵方能保证在8月底前供货，则可立即订货。

   我方对产品和报盘均感满意，我们的条件是贵方必须于每月15日前按订单规定数量运抵我地。

   报盘与样品均可接受。我们的条件是订单上所列全部条款和条件，均不得中途变动。

我方对产品与报价均感满意,我方的订货条件是:必须保证商品与样品完全一致,所供数量与供货时间条款要得到严格执行。
2. 现随函寄去(上)3009号订单,谨希按订单细则发货是盼。

买方一旦决定订货,便立即寄送订单与订货书信,在信中总要写上"随函寄去(上)××××号订单",其目的是告知对方订单号码,提醒对方查收,引起对方注意。接着提出对卖方的要求,或愿望,或祝愿。

例如:

随函寄去3008号订单,谨请按订单条款和条件发货为盼。

随函寄上3007号订单,如蒙尽快执行订单细则,将不胜感激。

随函寄上3006号订单,如销售情况良好,我方将大量订货。

随函寄上3005号订单,谨望这次试订能成为我们双方贸易合作的良好开端。
3. 其余条款和条件均按国际惯例执行。

"按……执行"常用于对订单中双方不作为重点商议的条款的处理。表示那些条款一旦在执行中发生争议,愿服从国际惯例的处理方式裁决。

什么是国际惯例?

在国际贸易中,每项交易都要就商品质量、规格、数量、价格、付款方式、包装、装运、保险、商检、索赔、仲裁、不可抗力等条件进行磋商,达成协议才能订货。但有些具有共性的条款,如:保险、商检、索赔、仲裁、不可抗力等,在国际贸易中形成一套习惯作法,叫做国际惯例。

一些有长期贸易协定的老关系户,往往已就一般交易条件达成协议，或在长期交易中形成一些习惯作法，每次交易可只就主要条件进行磋商，其余条件按习惯作法执行。在订货信函末尾写上"按……执行"。

例如：

保险、仲裁、商检均按国际惯例执行。

商检、索赔、不可抗力可按国际惯例执行。

保险、付款方式可按双方习惯作法执行。

其余条款可按已往一般交易条件协议执行。

四、写作练习

1. 法国××公司向中国工艺品进出口公司订购货号336丝绸绣花长围巾100打，每打480美元，请写一封附有条件的订货函。
2. 英国××公司向中国服装进出口公司订购羊毛衫08品种5000件、丝绸连衣裙07品种2000件、男衬衣06品种800件，请你写一份订购函。
3. 日本××公司向中国粮油进出口公司订购一级香菇500公斤，货号016；一级木耳600公斤，货号162，请你写一份订购函。

第21课 保 险

一、指 导

在国际贸易中，货物在装卸①、运输、保管过程中，可能会因遇到各种风险②而遭受损失。为了保证货物一旦遭受损失能取得经济上的补偿③，进口商通常④要投保或委托出口商代办投保⑤货物运输险⑥。出口商、进口商及保险公司之间常常通过信函就保险问题进行商榷或询问。

有关保险问题的信函包括进口商给出口商的委托信、出口商的复信、出口商给保险公司的询问信和保险公司的回信等等。

1. 进口商委托出口商代办保险信函内容包括订单号码、货物名称、投保险别⑦及保险金额。

2. 出口商的复信包括允诺或拒绝，或建议投保某种险别及其理由。

3. 出口商给保险公司的询问信或投保信要写清商品名称、价值总额、起运港、目的港、运输工具，提供可影响保险条件的因素。投保信请对方寄送预约保险单。询问信一般询问经营险别、各种险别的保险范围、责任范围、以及每种险别的保险金额等。有时还征求对方意见。

4. 保险公司复信一般是就来信予以答复，要求、建议、答应承办。同时附上预约保险单。

词 语

①装卸　　zhuāngxiè　　load and unload　　積み卸ろしをす

②风险	fēngxiǎn	risk; hazard	危険
③补偿	bǔcháng	compensate; make up	補償する，償う
④通常	tōngcháng	usually	通常，いつも
⑤投保	tóubǎo	effect insurance	保険に加入する，保険をつける
⑥货物运输险	huòwùyùnshū xiǎn	cargo transportation insurance	貨物運送保険
⑦险别	xiǎnbié	item of insurance	保険種目

二、例　文

例一　委托保险

××公司：

　　我方第1006号订单总额为250000美元的500箱长毛电动玩具，装运期业已临近，谨希贵方代办保险事宜，请按①发票金额的110%投保海运一切保险。并请于发货后尽快寄来结账单②，包括保险单③、保险证明书、货款单据、货运单据（含佣金5%），以便我方能及时办理汇付④手续，早日结清货款。

　　承蒙代劳，不胜感激。

×××公司
1994年8月15日

词　语

| ①按 | àn | on the basis of; | ……によって |

		according to	
②结账单	jiézhàngdān	bill of settled accounts	決算書
③保险单	bǎoxiǎndān	insurance policy	保険証券
④汇付	huìfù	payment of bill	為替送金

例二　1006号订单保险办妥通知

××公司：

　　你方1994年8月15日来函，要求我方对1006号订单内五百箱玩具代办保险。我们已按你方要求，为上述货物向中国人民保险公司投保了海运一切保险。投保金额为25000美元。可望①周末前将保险单与保险费的借方结账单及货、运单据一并寄给你方。

　　这批货物将装"济南号"轮，约在下月二十号前后启航②。

中国××公司
1994年9月10日

词　语

①可望	kěwàng	be expected	望みが持てる，有望である
②启航	qǐháng	set sail	船を出す，出帆する

例三　向保险公司询问保险情况

中国人民保险公司：

　　兹有总额为100,000美元的精美陶瓷器①100箱，拟由厦门港通过海运，运往日本仙台。现装船日期定为9月20日，敬请贵公司将你们的险别及其保险范围、保险率、办理手续函告我方,并请告知,为使此种易碎品平安运抵目的地,我方应投海运险还是海上运输一切险,还是投保平安险②?

装船期已临近,为不致延误装运,恳请速来函答复,以便我方能尽快办理保险手续,如期发货。诚如是③,则感激之至。

中国土特产品贸易公司
1994年9月1日

词 语

①陶瓷器	táocíqì	pottery and porcelain	陶磁器
②平安险	píng'anxiǎn	F.P.A	分損不担保の海上保険,FPAほんとうにそうなったら
③诚如是	chéng rú shì	if so	

例四 中国人民保险公司的复信

中国土特产品贸易公司:

现就贵公司9月1日函询之事答复如下:

本公司对海运承办海上运输险、水渍险和海上运输一切险。**贵函**中所提平安险,即海上运输险。这一险别在客户不作明确指示的情况下,则按一般惯例保水渍险和战争险。海上运输一切险,费率略高一点儿,为申报价值的110%。

据来函提供,所保险的货物为易碎品,故建议加保破碎险①。破碎险是一种特别保险,需额外支付保险费。我方只接受实际损失5%以外部分的索赔。投保只需填写保险单,按我方比率支付费用即可。

上述答复希望能满足贵公司的需要。

中国人民保险公司
1994年9月4日

词　语

① 破碎险　　pòsuìxiǎn　　risk of breakage　破损保险
　　　　　　　　　　　　broken; chipping

三　常用语例解

1. 我方第1006号订单总额为250,000美元的500箱长毛电动玩具，装运期业已临近，谨希贵方代办海运保险事宜。

　　订单号码、价值总额、货物名称、货物数量是买方委托保险信函必须交待的四项基本条件。此句用最简练的文字，不仅交待清了上述条件，还表明了写信的宗旨、写信的因由，以及运输工具。

　　"我方第_____号订单，总额为_____的_____箱（包、袋……）_____，装运期业已临近，谨请贵方代办保险事宜。"一语常在委托代办保险书信中用作开头语。

　　例如：

　　我方第0001号订单总额为5000美元的1000只玻璃内画蛋，交货期业已临近，谨希贵方代办空运保险事宜。

　　我方第0002号订单总额为10,000美元的100幅苏州织锦壁挂，交货期业已临近，敬请贵方代办空运保险事宜。

　　我方第0003号订单总额为50000美元的100块手工纯毛豪华地毯，装运期业已临近，谨请贵方代办陆运保险事宜。

　　我方第0004号订单，总额为100,000美元的10箱高效中药牛黄安宫丸，交货期业已临近，请贵方代办陆运保险事宜。

2. 遵照来信，我们已按你方要求，为上述货物向中国人民保险公司投保了海运一切险。

"遵照来信，我们已为＿＿＿＿＿＿投保了＿＿＿＿＿＿险"，常用于卖方受托办完保险后写给买方的复信中。意思是"按你方委托的要求，已办妥保险"。

例如：

遵照来函要求，我们已为贵方0001号订单的玻璃内画蛋投保了空运一切险和破碎险。

遵照来函要求，我们已为贵方0002号订单的苏州织锦壁挂投保了航空运输险。

遵照来函要求，我们已为贵方0003号订单的手工纯毛豪华地毯投保了陆路运输一切险。

遵照来信要求，我们已为贵方0004号订单的高效中药牛黄安宫丸投保了陆路运输一切险。

3. 兹有总额为100,000美元的精美陶瓷器100箱，拟由厦门通过海运，运往日本东京。

"兹有总额为（总金额）的（品名）拟由（起运港）通过（运输工具）运往（目的港）"一语，只用一句话将保险的五个决定因素（货物名称、价值总额、起运港、目的港、运输工具）全部交待清楚。行文简练而明确。

此语常用于出口商或进口商写给保险公司的询问信或预约投保信函中，为保险公司帮助参谋提供依据。

例如：

兹有总额为5000美元的玻璃内画蛋，拟由上海通过空运运往韩国汉城。

兹有总额为10000美元的苏州织锦壁挂，拟由苏州通过空运运往新加坡。

兹有总额为50000美元的纯毛手工豪华地毯,拟由乌鲁木齐通过陆运运往莫斯科。

兹有总额为100000美元的高级中药牛黄安宫丸,拟由北京通过陆运运往柏林。

四、写作练习

1. 你公司拟请中国土特产进出口公司将价值10000美元的中国福建乌龙茶按发票金额110%投保海上运输一切险。请你写一封委托保险信。
2. 你公司遵照中国粮油进出口公司的委托,已将总额为100000美元的大米从你地运往广州的海上运输一切险办理完毕。请写一封回信。
3. 中国工艺品进出口公司委托你公司为其内画壶代办海上运输一切险,你回信说明易碎品还需加保破碎险,才能得到破碎损失赔偿。

第22课 付 款①

一、指 导

付款书信是指商讨付款方式，或者买方收到订货后，通知卖方收货情况、报告付款进展情况等的书信。

商讨付款方式的书信包括在报盘、还盘时对付款方式的商榷、合同到期需延长时或执行过程中发生了新情况，其中一方提出改变原付款方式时，或提出在某种条件下需改变原付款方式等等，都需双方进行商讨。

商讨信的去信要写清三点内容：

1. 有关的合同号码，货物名称，货款总额
2. 提出关于付款方式的意见
3. 阐述理由

商讨信的复信也要写清三点内容：

1. 说明收到来信，表明自己的态度。
2. 如果同意，进一步说明如何执行，补充执行的细则，或提出己方的附加条件。如反对，要说明理由，提出自己的意见。
3. 表示愿保持合作关系、发展友谊。

收货与付款的通知信函要交待清以下几个问题：

1. 收到货物的合同号，货物名称和发货票②号码，说明收货情况。
2. 重申付款方式、货款金额和付款的进行情况。
3. 希望对方收到货款后，及时寄送收讫通知③和正式收据④。

词　语

①付款	fùkuǎn	payment	支払う
②发货票	fāhuòpiào	invoice	送り状，仕切状
③收讫通知	shōuqì tōngzhī	notice of payment received	領収済みの知らせ
④正式收据	zhèngshì shōujù	official receipt	正式な領収書

付款方式资料：

目前，在国际进出口业务中，所使用的付款方式主要有三种，即汇付①、托收②和信用证。

1. 汇付

汇付是指进口人将货款通过邮局汇给出口人。

在国际贸易中，汇付方式通常用于预付③货款、随订单付现④、交货付现⑤和记账交易⑥等业务。预付货款和随订单付现都是先付钱，后交货，对卖方大为有力，对买方不利，记账交易是先交货后收钱，对买方有力，对卖方不利。因此，付汇方式只在小金额交易的合同中使用。

2. 托收

托收方式是出口人装出货物后，开出商业汇票⑦，连同全套货运单据⑧，委托出口地银行⑨通过它在进口地分行⑩或代理银行⑪向进口人收取货款。由于托收的汇票是跟单汇票⑫，所以这种托收又叫跟单托收⑬。

托收分两种：即付款交单⑭和承兑交单。

（1）付款交单包括即期⑮付款交单和远期⑯付款交单。即期付款交单是由出口人开出即期汇票，进口人见到汇票，立即付款,即一手交钱一手交单。远期付款交单是出口人开出远期汇票,进口人接到汇票先承兑,等到汇票到期日,付清货款后,领取货运单据。

(2) 承兑交单㉗:进口人承兑汇票,就可以向银行取得货运单据,等汇票到期日再付款。

不论付款交单还是承兑交单,都对出口人不利。因为一旦进口人迟付货款,出口人由于货已经运出而将蒙受损失,所以出口人要担一定风险。

3.信用证

信用证是银行根据进口人的请求和要求,向出口人开立的一种承诺付款的书面文书。由于有了银行的付款诺言,能保证出口人安全收汇。可迅速收回货款,有利于资金周转,对出口人有利。

词 语

①汇付	huìfù	pay by making a remittance	為替送金
②托收	tuōshōu	collection	代金取立
③预付	yùfù	prepay	前貸し;前金払い
④随订单付现	suí dìngdān fù xiàn	cash with the order	注文書と同時に現金払い。
⑤交货付现	jiāohuòfùxiàn	cash with the delivery	P.O.D.
⑥记账交易	jìzhàng jiāoyì	payment on open account	オープン・アカウント
⑦商业汇票	shāngyè huìpiào	trade bill	商業為替手形

⑧货运单据（证）	hùoyùn dānjù (zhèng)	shipping receipt	運送書類
⑨出口地银行	chūkǒudì yínháng	bank of the exporting place	輸出地の銀行
⑩进口地分行	jìnkǒudì fēn háng	bank of the importing place	輸入地の売り手の銀行の支店
⑪代理银行	dàilǐ yínháng	agency bank	代理銀行
⑫跟单汇票	gēn dān huì piào	D/D	D/D 送金小切手，要求払手形
⑬跟单托收	gēn dān tuō shōu	D/collection	為替手形取立
⑭付款交单	fùkuǎn jiāodān	documents against payment	支払書類渡し
⑮即期	jíqī	at sight; immediate	即時，スポット
⑯远期	yuǎnqī	long-term	期限付
⑰承兑交单	chéngduì jiāodān	documents against acceptance	引受書類渡し D/A

二、例　文

例一　请求按承兑交单方式延长①合同

中国土产②进出口公司：

　　总值为998英镑的陶瓷器，第267号合同、总值为999英镑的草编织品③，第268号合同，到本月30日即将到期。在以上两个合同的履行④过程中，贵方对产品的刻意求精，对履行协议的一丝不苟⑤，给我们留下了深刻的印象。由于贵方这种严谨、负责

⑥的经营⑦作风，使我们双方的合作十分融洽。

合同到期后，我们仍希望能与贵方长期合作。如承蒙贵方一如既往，按承兑交单方式将上述两个合同延长为长期购销合同，我方将不胜感激⑧。

盼早日赐复。

××××公司
1994年4月5日

词　语

①延长	yáncháng	prolong; lengthen	延長する
②土产	tǔchǎn	local product	おみやげ，土産
③草编织品	cǎobiānzhīpǐn	straw-weaved product	わらや草などで編んだ物
④履行	lǚxíng	performance	履行する
⑤一丝不苟	yì sī bù gǒu	not be the least bit negligent	少しもいい加減なところがない
⑥负责	fùzé	in charge of	責任を負う
⑦经营	jīngyíng	manage; run; engage in	経営する
⑧不胜感激	búshèng gǎnjī	be deeply grateful	感謝にたえない

例二　超过1000英镑需用信用证支付

香港华南联合公司：

贵方4月5日函收悉。谢谢贵公司对我公司的高度评价①。在执行第267号和268号合同的过程中，我们也同样感到十分愉快，并愿意与贵公司长期合作。但是我们认为有必要再明确一下，我公司一向坚持只限于在每笔交易金额不超过1000英镑，或不超过按当时兑换率折算的等值人民币的情况下，才能按承兑交单方式支付。若金额超过该数，则需用信用证方式支付。这是我公司一贯①的经营原则②，恳请贵方予以理解。

在不违背③经营原则的前提④下，愿与贵公司进行任何方式的广泛⑤合作。

中国土产进出口公司
1994年7月9日

词　语

①一贯	yíguàn	consistent; persistent; all along	一貫して
②原则	yuánzé	principle	原則
③违背	wéibèi	violate; go against	背く
④前提	qiántí	prerequisite	前提
⑤广泛	guǎngfàn	extensive; wide-ranging	広い，広範な

例三　按承兑交单方式付款

中国机械进出口公司：

贵公司5月22日的装船通知收悉。我们高兴地奉告，我方1083号订单，贵方369号合同的200台电动缝纫机①已安全运到。对贵方的妥善②处理③表示感谢。贵方的369号汇票已由麦加利银行经手承兑完毕，同时收到了协同汇票一起寄来的全部单证④。我已于汇票到期日的6月12日按贵方277号发货票金额向麦加利银行付清全部货款，计5,370美元。望及时给我方寄来正式收据和收讫通知为盼。

××国××公司
1994年6月13日

词　语

①缝纫机	féngrènjī	sewing machine	ミシン
②妥善	tuǒshàn	proper; appropriate	適切である妥当である
③处理	chǔlǐ	handle; deal with	処理する
④单证	dānzhèng	document	文書，Doc(s)

例四　按汇付方式付款

中国土产进出口公司：

　　我方888号订单，贵方3333号销售确认书的精美瓷器，已于8月3日安全运到，由于贵方的精心包装与妥善装运，货物完好无损①，我方十分满意。

　　现随函寄去面额5000美元的支票一张，以结清3388号发货票的上述货款，请查收。

　　如蒙及时寄来收讫通知，我方则不胜感激。

××国××公司
1994年8月4日

词　语

| ①完好无损 | wánhǎowúsǔn | intact without any damage | 完全無欠だ |

例五　收讫通知

澳大利亚土产专卖公司：

贵方8月4日来函及为支付贵方888号订单，我方3333号销售确认书的精美瓷器的3388号发货票货款，面额5000美元的支票一张，均已收到。

现在我们高兴地给贵方寄上我方正式收据，请查收。

感谢贵方及时付款和对我方给以高度评价。谨希望我办理订货的方式能使贵方感到满意，并愿再次为您服务。

中国土特产进出口公司
1993年8月12日

三、常用语例解

1. 如蒙贵方一如既往，按承兑交单方式将上述合同改为长期购销合同，则不胜感激。

   "如蒙按＿＿＿＿方式，则不胜感激"一语在付款信函中，常用于主动发函一方对某项交易的付款方式提出自己的意见。

   例如：

   卖方发函可用：

   如蒙按预付货款方式签订合同，则不胜感激。

   如蒙按随订单付现方式延长合同，则不胜感激。

   买方发函可用：

   如蒙按记账交易方式付款，则不胜感激。

   如蒙按承兑交单方式付款，则不胜感激。

2. 我公司一贯坚持只限于每笔交易金额不超过1000英镑的情况

下,可以用承兑交单方式付款,否则需用信用证。

"我公司一贯坚持_____"一语常用于商讨付款方式的复信中,用来表明对来信所提建议的态度。

例如:

我公司一贯坚持1000美元以内的小额交易,可用_____方式付款。

我公司一贯坚持只限于短期合同可用_____方式付款。

我公司一贯坚持现货交易,从不预付货款,谨请谅解。

我公司一贯坚持信用证付款。

3. 望及时寄来正式收据和收讫通知。

此句适用于通知卖方已安全收货,并已如约付款的信函中,作为结尾语。作用是请对方收到信后立即寄出收据和收讫通知。

上述意思可用此句表达以外,还有一些表达方式。例如:

望及早收到正式收据和收讫通知。

望早日收到正式收据和收讫通知。

请早日寄来正式收据和收讫通知,以便结清账目。

请尽早寄来正式收据和收讫通知为盼。

望早日寄来正式收据和收讫通知为荷。

四、写作练习

1. 香港海鲜公司请求厦门海味公司同意以承兑交单方式扩大订货,写一封发函。
2. 海味公司的意见是:如每笔交易金额超过1000美元,需用信用证付款。写一封复信。
3. 香港海鲜公司收到厦门海味公司寄送的147号订单,对方258

号销售确认书的订货,和369号金额为999美元的发货票。写一封通知已安全收货和付款的信函。
4. 厦门海味公司拟给香港海鲜公司写一份收讫通知,请你代笔。

第23课 索　款①

一、指　导

索款信函是指卖方在原定期限内未收到货款时，提醒或催促②买方付款的催告信。有时，买方因故无法及时付款，提出延期③付款，卖方根据情况予以同意或予以拒绝④，也要通过信函来处理。

索款信语气应委婉，表现出宽宏大度⑤、体谅⑥他人难处⑦。这样才有利于达到索款的目的，又不至于损害双方的关系。

对于屡催不付⑧、有意逃避⑨付款的个别客户，要措辞强硬⑩，语气坚决。

索款信函要写清以下四点：

1. 所催款项的合同号、货物名称、所欠金额
2. 原定（合同中）付款期限
3. 过期时间
4. 敦促付款

词　语

①索款	suǒkuǎn	extort indemnities	代金を催促する
②催促	cuīcù	urge; hasten; press	催促する
③延期	yánqī	put off	延期する
④拒绝	jùjué	refuse	断る　拒絶する

189

⑤宽宏大度	kuānhóng dà dù	large-minded	度量が大きい
⑥体谅	tǐliàng	make allowance for	諒察する，理解する
⑦难处	nánchù	difficulty; trouble	困難，難点
⑧屡催不付	lǚ cuī bú fù	no payment though being urged many times	何度催促しても払わない
⑨逃避	táobì	escape; evade; shirk	逃避する，逃れる
⑩强硬	qiángyìng	strong; tough.	強硬だ，手ごわい

二、例　文

例一　初次索款

××国乌有海味公司：

　　我方123号销售确认书，贵方456号订单对虾500公斤，我方已按合同规定的装船期，于3月5日装船发运，估计12号前后已到达贵地口岸。总价1000美元的788号发货票也同时寄出。

　　按合同规定，付款期为3月20号前，迄今①已逾期一个多月，尚未收到贵方货款与任何信件。贵方一向准时付款，此次是否有什么特殊原因，致使贵方没能如期付款？

　　为维护②合同的严肃性③，望贵方尽快付清货款，以便按时结帐④。

如款已汇出，请原谅。

日本子虚公司
1994年4月22日

词　语

①迄今	qìjīn	so far	これまで
②维护	wéihù	defend	守る，保つ
③严肃性	yánsùxìng	solemn; serious	厳粛的だ，おごそかだ
④结帐	jiézhàng	clear account	決算する

例二　再度索款

乌有海味公司：

　　我方123号销售确认书，贵方456号订单的500公斤对虾，价值1000美元的货款，付款期已超过两个月。我方已于4月22日去函催问，至今未见付款支票，也未见任何回信。你不会忘记，这笔货款的付款期限是"3月20日前"，今天已是5月25日。希望贵方在按时结帐问题上保持信誉。

　　如你方已于前几天寄出货款，此催单作废①。

子虚海丰公司
1994年5月25日

词　语

①作废	zuòfèi	become invalid	無効になる

例三 同意延期付款

乌有海味公司：

贵方3月20日函收悉。鉴于贵函中谈及的特殊情况，我方同意按贵方信中写的，将付款日期延至5月31日前。自我们合作以来，贵方一向信守合同①，及时付款，我们完全相信5月31日前定会收到贵方全部欠款支票，以结清帐目。

子虚海丰公司
1994月3月25日

词 语

①信守合同　xìnshǒu hétong　stand by the contract　　契約をかたく守る

例四 拒绝延期付款

乌有海味公司：

从贵方3月20日来函获悉，因一重要客户破产①，致使贵方蒙受很大损失②，眼下遭到经济困难，希望将付款日期延至5月底。我们完全理解贵方的愿望③，对贵方蒙受损失深表同情，也极想给以帮助。但遗憾的是我们对生产厂家早有许诺在先④，一定要于4月初交款。所以力不从心⑤，不能为贵方提供帮助。

你们的要求并非没有理由，如果我们能办到的话，是很高兴这样做的。然而，照目前的情况看，我们确实是爱莫能助⑥，只得请贵方按合同的付款条件，与我方按时结账。谨请谅解。

子虚海丰公司
1994年3月25日

词　语

①破产	pòchǎn	go bankrupt	破産する
②损失	sǔnshī	loss	損失
③愿望	yuànwàng	desire; aspiration	願望
④许诺在先	xǔnuò zàixiān	promise beforehead	予め承諾する
⑤力不从心	lì bù cóng xīn	ability not equal to one's ambition	意余って力足らず
⑥爱莫能助	ài mò néng zhù	will to help to unable to do so	助けたくても助けられない

三、常用语例解

1. 合同规定的付款期为3月20日前，迄今已逾期一个多月，尚未收到贵方货款。

　　此句明确列出合同规定的付款日期和过期的时间，用事实说明催款的理由，常用于催款信中，用来说明对方迟付货款的事实。

　　除此句以外，还有一些说法。例如：

　　0001合同金额为996美元的海鲜罐头，付款期为3月1日，迄今已逾期十数天，尚未收到贵方货款。

　　0002号合同997美元的速冻螃蟹，规定在供货后下一个月的第一天，付清前一个月的货款，今天已是3月10号，尚未收到2月份货款。

　　0003号合同每月998美元的奶制品，规定每月20号前预付下月货款，今天已是25号，尚未收到贵方的货款。

0004号合同价值3000美元的胶东苹果，付款期为10月10号前，现已过期10天，尚未收到货款。

2. 为维护合同的严肃性，望贵方尽快付清货款。

此句常用作催款信函的结尾，以敦促对方付款。除此种说法外，还有一些说法。

例如：

请贵方在严守合同、按时付款问题上保持信誉。
请贵方尽快按合同规定付清货款。
请务必在月底前寄来支票，以尽快结清账目。
望贵方信守合同，速寄货款。

3. 鉴于你信中谈及的特殊情况，同意延期付款（分期付款）。我们完全相信，5月31日前定会收到贵方全部欠款支票。

"我们完全相信5月31日前……"句的真正含义是要求对方5月31日前一定要寄来全部欠款支票。"我们相信……"是向对方提出要求的委婉表达方式。

此句适用于卖方答应买方延期付款要求的信中，表示同意延期付款及同意延期付款的条件。除此种表达方法以外，还可以说：

希望5月31日前收到你方全部欠款支票，以结清账目。
同意延期付款，但绝不能再晚于5月31日。
同意延期付款，但在付清欠款前，恕不能接受贵方新的订单。
同意延期付款，但在付清欠款前，0002号合同暂停供货。

4. 我们能理解贵方的愿望，但遗憾的是……

此句适用于拒绝对方延期付款的请求信中，用来说明拒绝的理由。

例如：

我们理解贵方的要求，但遗憾的是我们对生产厂家已有许诺在先，一定要在4月5日前向厂家付款。

我们理解贵方的困难，但遗憾的是，我们已将这笔资金列入下月投资计划。

我们理解贵方的处境，但遗憾的是，此笔款项已转入了××公司账号，3月20日前必须兑现。

我们理解贵方的心情，但遗憾的是，我们已安排这笔资金为职工发放薪水，不克答应贵方的要求。

四、写作练习

1. ×××公司进口你产品，合同规定4月1日付款，现在已逾期一个月，由你执笔写一封催款信。
2. 去信20天，仍未付款，也未来信，你再写一封信催促一下。
3. 欠货款公司来信说，因水灾蒙受严重损失，要求延期到7月31日前付欠款的一半，8月31日前付清其余欠款。你写一封有条件地答应延期付款的信。
4. 写一封拒绝延期付款的信。

第24课 催①开信用证

一、指　导

向买方催开信用证,是为保证合同(销售确认书)的履行而采取②的一个步骤③。

写催证信函时,要根据主客观④不同情况,本着原则性⑤和灵活性⑥相结合的原则区别对待。催开信用证主要有两种情况:一是到期之前;一是逾期之后。

到期之前:

在正常情况下,合同规定的开证期未到,一般不需要催证。但如出口一方为了确保合同的履行,或对买方能否按时来证有所怀疑⑧,或者希望早收外汇,扩大销售,推销库存,加速周转⑨,也可以进行期前⑩催证。

写期前催证的信函包括以下内容:
1. 说明要求对方提前开证的原因。
2. 写清楚对买方有哪些好处,以达到买方同意的目的。
3. 写清合同及订单的号码,以便对方查找。
4. 表达出友好合作的愿望。

期前催证是和用户进行商榷。写这类信函时应用商量的语气。

逾期之后:

合同规定的开证期已过,而信用证没有开来,这种情况原则上为买方违约⑪。为维护合同的严肃性,保持卖方的主动地位,应提出具体处理意见。

写这类信函主要包括下列内容:
1. 催促买方立即开证或将原合同规定期限予以展延⑫。
2. 要求买方勿再逾期或宣布撤约⑬,甚至索赔⑭。

至于采取什么作法,可根据双方过去的业务关系、货物销售情况和卖方销售意图而定。如买方对逾期未开证有所解释,理由合情合理,信函的语气要缓和⑮,要提出合理解决问题的办法。但如对方进行无理辩解⑯或履催不复,则应严肃指出问题的严重性,并警告对方,已方将采取相应⑰措施⑱。

总之,写催开信用证的信函,应根据不同情况采取不同的态度,提出相应的解决办法。

词 语

①催	cuī	urge	せき立てる、促す
②采取	cǎiqǔ	adopt; take	取る,採る
③步骤	bùzhòu	step; move; measure	段取り
④主客观	zhǔkèguān	subjective and objective	主客観,主観と客観
⑤原则性	yuánzéxìng	principle	原则性
⑥灵活	línghuóxìng	flexibility; mobility	柔軟性,融通性
⑦确保	quèbǎo	ensure; guarantee	確かに保証する
⑧怀疑	huáiyí	doubt; suspect	疑う
⑨周转	zhōuzhuǎn	turnover	回転する,融通する
⑩期前	qīqián	before the scheduled time	期日前,期限前

⑪违约	wěiyuē	break one's promise; violate a treaty	違約する
⑫展延	zhǎnyán	extension	延ばす
⑬撤约	chèyuē	withdraw the treaty	契約を解除する
⑭索赔	suǒpéi	claim; lodge a claim;	損害賠償請求
⑮缓和	huǎnhé	mitigate; relax	緩和する
⑯辩解	biànjiě	provide an explanation	弁解する
⑰相应	xiāngyìng	corresponding; relevant	相応する,見合う
⑱措施	cuòshī	measure; step	措置

二、例 文

例一 请期前开证

华艺公司:

 我公司1994年1月5日

 第25号销售确认书

 你公司1994年1月3日

 第14号定单

 按上述销售确认书规定,本批货物应在1994年4月装运半数,另一半不迟于5月底装运,你方信用证则应于3月底前到达,但该货现已投入生产,其中半数可在3月初备齐①。根据船期消息,1994年3月18日或以前,恰好②有直达③船开往你方港口④。我们一向⑤愿为买户提供一切方便,建议你方将信用证立即开来,你们就能早日收到该货半数。如信用证能在1994年3月10日以前到达我处,预计我们很有可能赶上这次船期⑥。

借此机会我们愿意重申⑦,我们将尽力随时与你公司合作。对上述建议,是否同意,盼早日回复。

大明公司
1994年2月8日

词　语

①备齐	bèiqí	get all ready	全部取りそろえる
②恰好	qiàhǎo	just right	ちょうど
③直达	zhídá	through; nonstop	直通（する）
④港口	gǎngkǒu	port; harbour	港
⑤一向	yíxiàng	consistently; all along	今までずっと,平素から
⑥船期	chuánqī	sailing date	出帆期日,船の出入港の日時
⑦重申	chóngshēn	reaffirm; restate	重ねて述べる

例二　请买方及时开证

星海公司:

我们很高兴地看到自从我们建立业务联系以来,经过双方的共同努力达成交易,签订了第125号销售确认书。无疑①,这将成为今后更多交易的先驱②。

销售确认书规定③的交货期日益临近④,但有关信用证我方尚未收到。希能从速⑤办理，以便顺利执行贵方定单，我们深信你方能在限期内如约⑥办理。

我们一收到你们的来证，当即安排装船。请放心，该批货物将在各方面符合贵方的要求。

希望今后我们双方更好地合作。

大通公司
1994年6月5日

词　语

①无疑	wúyí	undoubtedly	疑いない，……にちがいない
②先驱	xiānqū	pioneer	先駆，さきがけ
③规定	guīdìng	fix; set; provide	規定
④临近	línjìn	close to ;close on	近づく
⑤从速	cóngsù	as soon as possible; without delay	すみやかに
⑥如约	rúyuē	according to the treaty	約束どおりに

例三　限期已过，延长限期，催请开证

益民电器公司

我方1994年3月4日第156号销售确认书项下的你方信用证，经我方三度去函催促，未①见只字回音，甚为遗憾。由于我货已按销售确认书的规定备妥②待装，致使③我方遭受很大困难。

不言而喻④，合同一经签订，即应严肃执行，任何疏忽⑤都意味着⑥违约。现在，我们必须指出，由于你方延误，按原规定

时间交货,事实上已不可能。考虑到我们双方过去的良好业务关系,如果你方能不迟于1994年7月30日将信用证开到,同时将装船期限延至1994年8月底,则我公司仍可履约交货,否则我公司不再受该销售确认书的约束,其后果⑦由你方负责。

东方电器公司
1994年6月25日

词 语

①未	wèi	not	…しない
②备妥	bèituǒ	to get ready	もれなく準備する,全部取りそろえる
③致使	zhìshǐ	cause; result in	……するようになる,(……に)ならしめる
④不言而喻	bù yán ér yù	it goes without saying	言うまでもない
⑤疏忽	shūhū	carelessness; negligence	するそかにする,うっかりする
⑥意味着	yìwèizhe	it means...	(……む)意味する
⑦后果	hòuguǒ	consequence	結果(大くは悪い結果について言う)

例四　逾期未开信用证，卖方提出撤销合同

良友贸易公司：

　　我方记录表明，有不少合同，直至写此信时为止，尚未收到你方开来的信用证。

　　我方已数次写信，特别是1994年1月10日的一封信，曾提请注意：由于你方延误开证，已使我方蒙受很大损失。如果你方不能将全部未完成的合同的信用证于1994年4月底之前开到，我方将不得不暂停与你方进行新的贸易。

　　目前已届①5月中旬，但仍未听到你方任何消息。在此情况下，我们除了撤消所有未完成的合同并暂时停止接受你方新订单以外，别无其他办法。

　　我们遗憾地作出此项决定，完全出于被迫。当然，我们对此是毫无责任的。

丰华公司
1994年5月13日

词　语

①已届　　yǐjiè　　　　fall due　　　　…になる

例五　卖方屡催不复，提出索赔

利民贸易公司：

　　自我方1994年5月13日及6月10日两次函促①你方对第20号销售确认书开立信用证以来，迄今未得你方任何回音，使我们十分惊讶。你方全然②不顾到证期限的规定，过去类似事情曾不止一次发生，使我方蒙受到很大损失。在此情况下，我们认为已无可

能与你方再进行更多交易。

至于上述合同未能执行，其责任显然全在你方。为此，我们不得不要求你方赔偿银行利息、保险费及仓储费③等共计叁千美元，其他损失不计。盼即复④。

大通公司
1994年6月30日

词　语

①函促	háncù	urge by letter	手紙で促す
②全然	quánrán	completely; entirely	すっかり，全然
③仓储费	cāngchǔfèi	money paid for keeping in a store house	倉庫料
④即复	jífù	reply immediately	すぐ返事を出す

三、常用语例解

1. 你方信用证应于3月底到达，但该货现已投入生产，其中半数可在3月初备齐。

"你方信用证应于_____到达，但该货现已……备齐"一语中，"应于"后边的时间词所代表的时间应是"现在"以后的晚些时候。

此语常用于请求期前开证信函中，用具体开证日期和"现在"备货程度、说明"现已具备"、或"很快就将具备"发货条件，但开证日期还远远未到。用来引导出"在互利的前提下，请求对方提前开证"的正题。

例如：

你方信用证应于3月底到达，但该货已备足90%，1月底可全部备齐。

你方信用证应于3月底到达，但该货现已基本备齐。

你方信用证应于3月底到达，但该货现已备齐。

你方信用证应于3月底到达，但该货已全部备齐。

2. 销售确认书规定的交货期日益临近，但有关信用证我方尚未收到，希能从速办理。

"交货期日益临近，……希能从速办理"一语，常用于期前催证信函中，以确保对方按时开证。

例如：

销售确认书规定的交货期日益临近，为能顺利执行贵方订单，希能从速开来信用证。

合同规定的交货日益临近，为能如期装运，望从速开来信用证。

合同规定的交货期日益临近，为能按时交货，谨希从速开来信用证。

合同规定的交货期日益临近，谨希从速开来信用证，以便我方着手办理保险及装运手续。

3. 合同一经签订，即应严肃执行，任何疏忽都意味着违约。

此语适用于对屡催不复、无理狡辩、故意拖延开证的客户进行催证的信函中，用来指出对方行为的严重程度，引起"由此造成的严重后果"的话题。

例如：

合同一经签订，即应严肃执行，任何疏忽都意味着违约。现在，由于我货已备妥待装，致使我方蒙受很大损失。

合同一经签订，……意味着违约，现在，我们必须指出，由于你方延误，按合同期交货已不可能。

合同一经签订，……意味着违约。你方在开证问题上的表现毫无诚意，我方不得不撤销所有未完成的合同。

合同一经签订，……意味着违约，现在由于你方拖延开证，给我方造成严重经济损失，我方不得不提出索赔。

四、写作练习

1. 某工厂因货物已备妥，库存困难，催买户提前开信用证，以便早日发货。请你写一封期前催证信。
2. 因买户过去有迟开信用证的情况，现交货日期临近，请你写一封信，催买户按时把信用证开来，以免影响发货。
3. 买户应开信用证的期限已过，你公司仍未收到，请你写一封信催买方立即开信用证。
4. 买方逾期未开信用证，卖方屡催买方，但买方仍未开来，卖方提出撤销合同，暂停进行新的贸易，并根据合同第×条规定提出索赔。请你写一封信。

第25课 装　运①

一、指　导

有关装运发货②的书信，包括买方的装船指示、卖方的装船通知、卖方装运受阻的通知、买方安全收货或催货信函等。

1．装船指示。买方开出信用证，应立刻函告卖方，请卖方安排装运。如按离岸价格③付款，买方要指定船只，通知船号和到岸日，委托包装。按到岸价格，还需要委托办理保险。希望尽快收到装船通知。

2．装船通知。卖方将货物包装完毕，交付有关运输公司，应立即将船（车、飞机）名称、包装情况、起航（装运）日期、保险情况及附属文件等一并通知买方。

3．发货遇阻通知。万一由于某种原因，装运受阻，例如不能如期发货、货物滞留④途中，遗失、错装、损坏等，应立即函告买方，寻求应变⑤办法，例如推迟装运、更换船只、修改信用证、换货、赔偿等。信文要实事求是，态度诚恳，求得对方谅解，共同设法解决。

4．催货信。买方到期接不到装船通知，常常要写信催促，提醒对方装船期已到，催促立即装运，说明等货的急切心情，主动提出修改信用证，请对方限期装船，指出延误船期将造成的严重后果。

词　语

| ①装运 | zhuāngyùn | shipment | 積出し |
| ②发货 | fāhuò | dispatch | 出荷する |

③离岸价格	lí'àn jiàgé	F.O.B (free on board)	輸出港本船積込渡値段
④滞留	zhìliú	detention	停滞する
⑤应变	yìngbiàn	contingency	応変する

二、例　文

例一　装运指示

中国黄河公司：

　贵方9月19日函收悉。我方一直关注①我88号订单的开证期和装运期。从贵函中得知，贵方货已备妥，只待我方开证，证一到即可装货，我们十分欣慰。我方第155号保兑的、不可撤销的信用证，金额为1,100,000美元，已于今晨通过全印国家银行开出。收到后请将贵方888号销售确认书，我方第88号订单的15,000打羊毛衫迅速安排装运。据悉②，"飞龙"号轮定于10月15日左右从上海开往我港，希望能赶上该船，交付装运。

　请贵公司代为妥善包装，并请按发票③金额110%向中国人民保险公司投保海上运输一切险。

　盼望早日收到装运通知。

印度恒河公司
1994年9月26日

词　语

| ①关注 | guānzhù | show solicitude for; follow with interest | 配慮する，関心を寄せる |
| ②据悉 | jùxī | it is said | そうだ，……と |

③发票　　fāpiào　　　invoice　　言われている
送り状，インボイス

例二　装运通知

印度恒河公司：

　　来函收悉，感谢贵方通过你方银行开来有关15,000打羊毛衫的155号保兑的、不可撤销的信用证。信用证规定，我方888号确认书，你方第88号订单，价值1,100,000美元的第一批羊毛衫15,000打，应于10月20日前发货。

　　现欣然奉告，我们已按贵函的装船指示，于10月15日在上海港将该货装上了"飞龙"号货轮，当日启航，10月22日可抵达①**孟买**，请按时接货。

　　包装按合同规定，内包装用标准出口纸板箱，每箱10打，每件**外**套一个密封防潮塑料袋。运输包装用木质出口集装箱。

　　关于保险，遵照贵方要求，按发票金额110%投保了海上运输一切险。

　　现随函附上各项装船单据副本②壹套，以便做好提货③准备。

我方第8080号发票一式两份
ＤＦ提单④7676号壹份
ＣＡ6565号保险单壹份
谨望提货后及时把收货情况告知我方。

中国黄河公司
1994年10月15日

词　语

①抵达	dǐdá	arrive	到着する
②副本	fùběn	copy; counterpart	写し，副本
③提货	tíhuò	pick up goods	貨物の引取り
④提单	tídān	delivery order	B／L，貨物引き替え証

例三　88号订单货物滞留途中

××国××公司：

　　感谢贵公司通过你方银行开来的有关5,000打天坛牌男衬衫的保兑的不可撤销的信用证。根据该信用证规定，你方货物应于4月15日前发运。我们立即办理好保险和包装，于4月11日晨交付"旅大"号货轮，当日起航。我方的装运通知尚未发出，便接到有关航运公司的通知，说该货轮驶离天津不久便遇到台风，"旅大"号现已滞留厦门港。据有关气象部门报告，本周内无法启航。一旦得到更新消息，将立即通知你方。特此函告。

　　鉴于上述情况，请贵方立即来电修改信用证的有效期。谢谢合作。

中国大华服装公司
1994年4月12日

例四　买方催促装船

××××电器公司：

　　关于我方第125号订单的5,000台友谊牌电风扇，合同的交货期是5月底以前,但我方至今尚未得到你方任何装船消息。按合同的交货期,已过期半个月。对此,我方不得不提请你方注意。

由于该货的使用季节临近,我方客户急需该货,如蒙立即发货,我将十分感激。我方已把信用证延迟到6月底,望能在此之前装船起运。

再强调一次,该货在装运上的任何延误,都不仅打乱我方的正常工作秩序①,错过销售季节,造成商品积压,而且会使我方失去客户的信用。

等待你方的装运通知。

××国××公司
1994年6月15日

词　语

①秩序　　　zhìxù　　　　　order; sequence　秩序

三、常用语例解

1. 我方155号信用证,金额为110万美元,已于10月15日通过全印国家银行开出。

　　此句常用于"装船指示"中,告诉对方信用证已经开出,请按指示装船。除此句之外,还有一些常用说法。
　　例如:
　　我方已按合同规定的10月15日,通过全印国家银行将金额为110万美元的155号信用证开出。
　　以贵方为受益人的155号信用证已于10月15日通过全印银行开出。
　　我方金额为110万美元的第155号信用证已于10月15日通过我方银行开出。

我方已按合同规定的时间、金额、银行，开出155号信用证。
2. 据悉，"飞龙"号货轮定于10月15日左右从上海开往我港。

　　此句常用于"装船指示"中，指明买方要求货物装运的船只。"据悉"意思是"听说"，说明此船不是买方租订的。买方只是提出建议。所以"据悉……"句只用于卖方租船的"装运指示"中。

　　例如：
　　据悉10月15日前后有船从贵港开往我港。
　　据悉，本周开往我港的船只10月15日前后由贵港起航。
　　据悉，本月20日左右有台风经过附近洋面，如可能，请于15日前装运。
　　据悉10月20日前还有最后一趟从贵港开往我港的船只，无论如何不要错过。

3. 现欣然奉告，我方已按贵方的装船指示于10月15日在上海港将该货装上了"飞龙"货轮。

　　"奉告"，敬辞，告诉（对方）。

　　此句常用于"装船通知"中，用来通知买方××号订单货物以装船发运。并告知装船时间、轮船名称，以便对方提前作好接货准备。

　　例如：
　　现欣然奉告，贵方88号订单货物遵照贵方指示，已于10月15日交付"飞龙"号轮装运。
　　现欣然奉告，贵方88号订单货物已于10月15日装上了"飞龙"号货轮，当日起航。
　　现欣然奉告，贵方第88号订货，已于10月15日由"飞龙"号轮运往你港。
　　现欣然你告，你方88号货已于10月15日交"飞龙"轮托运。
4. 今接到有关航运公司的通知,说船遇台风,"旅大"号现已滞留厦门港。

此句用来说明运货受阻的情况及其原因。运货受阻有各种原因,例如:

由于舱位紧张,贵方88号货物只得等到10月20日才能装运发货。

由于天气恶劣,10月15日前没有轮船起航。

因该船不幸于……处触礁沉没,具体索赔事宜有待下一步商议,特此函告。

由于我方的疏忽,贵方第88号货装运时漏装10箱。

5. 在装运上的任何延误,都不仅打乱我方正常工作秩序,而且会使我方失去客户的信用。

此句适用于催货信中,以指出对方装运已经违约,及由此造成的严重后果,以达到引起对方重视,尽快装运的目的。

由于违约,会给买方造成各种各样的不良影响。例如:

你方未能在指定的时间内装运,给我方带来很大不便。

你方在装运上的延误给我方带来重大经济损失。

由于你方在装运上的延误,已使我公司在客户中的声誉受到严重伤害。

由于你方在装运上的延误,致使我错过销售季节。

四、写作练习

1. 卖方来信告知,你方123号订单货已备妥,请你方开信用证。你开出金额为50万美元的100号信用证后,给卖方写一份"装船指示"。
2. 按装船指示要求装船后写一份"装船通知"。告诉对方货已于×月×日装上了××号轮,并按要求代办了包装和保险。
3. 由于天气恶劣,不能按合同规定期发货,写一封信告诉买方,要说明理由。
4. 你方信用证已按期开出,卖方没在信用证规定装运期装运,请你写一封催货信函,并告知卖方,已将信用证交货期延长10天,请对方按期交货。

第26课 索 赔

一、指 导

在执行合同的过程中，签约①双方都应严格履行合同义务。任何一方如果不能履约②，就会给另一方造成损失。在这种情况下，受损失的一方，有权根据合同规定要求责任方③赔偿④。受损失的一方采取这种行动叫索赔。责任方就受损失一方提出的要求进行处理叫理赔⑤。

在外贸业务中，较多的是买方向卖方提出索赔。如卖方拒不交货，逾期装运，数量短缺⑥，货物质量、规格等与合同不符⑦，包装不妥⑧，错发错运，等等，致使买方遭受损失时，买方可以向卖方提出索赔。因买方拒开⑨或迟开⑩信用证，无理毁约⑪等，致使卖方遭受损失时，那么卖方就可以向买方提出索赔。

索赔时应根据事实和有关证明，分清责任，向卖方、轮船公司或保险公司提出索赔。理赔时该赔则赔，不该赔可以拒赔。

索赔信函的写法：

1. 要明确提出索赔要求和解决办法，切忌含糊其词，以免对方误解。

2. 要详细申述⑫理由，必要时附上有关证件，以使对方信服。

3. 引据⑬要准确。起草索赔函件时，经常引用合同中的条文或证明文件中的有关内容，这就要注意前后的一致性⑭，切忌相互矛盾，否则会给工作带来很大麻烦，使自己处于被动或不利地位。

4．语气要坚强有力，一针见血⑮但又要客气、婉转⑯，不失礼貌。

5．要迅速及时，索赔必须注意在合同规定的索赔期内。
拒赔应说明拒赔的原因，并告诉对方应向何处提出索赔。

词　语

①签约	qiānyuē	signatory	調印する
②履约	lǚyuē	keep one's promise	契約を履行する
③责任方	zérènfāng	duty side	責任方
④赔偿	péicháng	indemnification	弁償する，賠償する
⑤理赔	lǐpéi	payment of claim	損害支払い
⑥短缺	duǎnquē	short of	不足する，欠ぼうする
⑦不符	bùfú	not conform to	……に合わない
⑧不妥	bùtuǒ	not proper	妥当でない，よくない
⑨拒开	jùkāi	refuse to make out an invoice	……を書くことを拒絶する
⑩迟开	chíkāi	to make out an invoice with delay	（文書の）作成の延滞，……を書くことて遅らせる
⑪毁约	huǐyuē	break one's promise	契約を破る
⑫申述	shēnshù	state	説明する申し述

⑬引据	yǐnjù	quotation	証拠を引用する
⑭一致性	yízhìxìng	consistency	一致性
⑮一针见血	yì zhēn jiàn xiě	hit the nail on the head	すばりと急所をつく
⑯婉转	wǎnzhuǎn	mild and indirect	婉曲である

二、例　文

例一　因货物短重提出索赔

××公司：

　　你方由"阿波罗"轮装运来的2000公吨化肥，已于昨天上午到达天津。我们遗憾地向你方申明①，这批货物经过天津商品检验局的检验，发现实际重量只有1978公吨，而不是你们发票上所写的2000公吨，所以短重②22公吨。详见所附的重量证明书。

　　按照第75号合同规定，向你方提出短重索赔如下：

　　短重22公吨　　　　6600.00美元
　　检验费　　　　　　380.00美元
　　索赔总金额　　　　6980.00美元

　　希望贵方从速解决我们提出的索赔问题，并期待③你方尽快答复。

　　　　此致
敬礼

××公司
1994年2月10日

词　语

①申明	shēnmíng	declare	表明する
②短重	duǎnzhòng	shortage in weight	斤量不足，重量不足
③期待	qīdài	expect	期待する

例二　拒绝买方索赔

××公司：

　　你方八月十八日向我索赔二十二公吨化肥函收悉。

　　我方对这一不幸事件表示同情。但我们必须强调的是，这批化肥在发运前已经过我地公证行①实物过磅②，公证行的重量检查记录证明和确认实际重量是两千公吨。公证行的证明书复印件已同"装运通知"一起寄给了贵方，请仔细查阅。

　　事情既是如此，我们有理由相信，短重是在装运途中发生的。这批货物已经投保综合险。关于重量短少一事，我们建议你公司向你地的保险公司代理行，或向船运公司代理行提出索赔。我公司不能承担任何责任。希望索赔之事尽早解决。

　　　此致

敬礼

　　　　　　　　　　　　　　　　　　　　　　××公司
　　　　　　　　　　　　　　　　　　　　　1994年8月30日

词　语

①公证行	gōng zhèngháng	notarization unit	公証機関

②磅　　　bàng　　　pound　　　ポンド

例三　因货物迟交而提出索赔

××电器公司：

 我方125号订单的五千台友谊牌电风扇，于八月二十五日才收到货物，但十分遗憾地告诉你方，我方不能接受这批货物。因为这批货的交货日期是六月三十日，逾期近两个月，而这两个月正是我国电风扇的销售旺季①。在过去的一个多月中，我们一再催促你方发货，但你方始终未能将货运来。在八月五号的最后一封信中，我方已提出退货，然而现在你方又擅自②将货运来。这批货物将在我处造成大量积压③，给我方造成一定的经济损失。因此，我方提出如下方案供你方选择：第一，退货。一切费用，由你方负责，并按合同第八条赔偿损失。第二、按八折④留下明年夏季应市⑤。如何处理，请尽快决定，并告知我方。

××贸易公司
1994年8月26日

词　语

①销售旺季	xiāoshòu wàngjì	busy season of selling	販売の出盛り期
②擅自	shànzì	do sth without authorization	かってに，ほしいままに
③积压	jīyā	lying idle	放置しておく
④八折	bāzhé	20% discount	二割引き
⑤应市	yìngshì	go on the market	市場へ出す

例四　受理买方索赔

××贸易公司：

　　八月二十六日来函收悉。贵方所购的五千台电风扇未能及时发货，其原因是由于我公司不幸发生火灾，停产三周所致。尽管我方已尽最大努力，但还是延误了交货时间。至于贵方所谓擅自发货问题，是因为等接到贵方退货函时，货物已于两天前装船发运，请贵方谅解。这批货未能赶上贵地销售旺季，由此造成的一切损失，我方愿予以赔偿。经研究决定，同意贵方提出的第二个解决方案，将这批电扇按八折处理，以弥补①贵方损失。十分抱歉，希望今后继续友好合作。

　　此致

敬礼！

××电器公司
1994年9月5日

词　语

①弥补　　　míbǔ　　　make up ;remedy 欠けているところや損失などを補う

三、常用语例解

1. 按照第75号合同规定，向你方提出短重索赔如下：……

　　"按照……规定，向你方提出……索赔"一语，常在索赔信中用来向对方提出索赔要求，说明索赔的原因，提出索赔的依据。

例如：

按照75号合同第6条规定，向你方提出误期索赔。

按照第75号合同有关货物质量条款规定，向你方提出劣质索赔。

按照第75号合同有关包装条款规定，向你方提出包装不妥索赔。

按照第75号合同有关规格条款规定，向你方提出规格不符索赔。

2. 由于我方延误，未能赶上销售旺季，由此造成的损失，我方愿予以赔偿。

"由于我方……，……我方愿予以赔偿"一语，常用于理赔信中，表示承认造成损失的责任在己方，并愿意赔偿。

例如：

由于我方的错装，延误了贵方上市时间，由此给贵方造成的经济损失，我方愿予以赔偿。

由于我方包装上的疏漏，致使货物破损严重，由此而造成的经济损失，我方愿予以赔偿。

由于我方的疏忽，将10打L型羊毛衫错装成N型，现按二者差价，退回600美元。

由于我方贮存不善，导致机件生锈，我方立刻安排调换。

3. 我方对这一不幸事件深表同情，但我们必须强调的是，这批货物在装运前已经公证处实物过磅。我方不能接受索赔。

"我方对这一不幸事件深表同情，但……"一语常用于拒赔信中，"但"后边是表明拒赔，并进而说明理由。

例如：

我方对这一不幸事件深表同情，但你方提出短重是我方责任，这并无根据。此项索赔我方不能接受。

我方对这一不幸事件深表同情,但你方所提的短重情况决不是我方的责任,我们有装运单据可以证明。

对于这一事件,我方深表同情,但你方所提供的证据不够充分,证明不了是我方责任,因此,索赔不予考虑。

我们对此深表同情,但产品与样品之间这点儿差异是国际惯例允许的,这一索赔不能接受。

四、写作练习

1. ××公司收到订购的三百箱干蘑菇,开箱后发现有的发霉变质,与原样品不符,请你写一封信向卖方提出索赔。
2. 以上三百箱干蘑菇变质,是运输途中造成的。请你写一封信给买方,拒绝索赔,并建议向有关保险公司提出索赔。
3. ××公司订购五百台彩色电视机,没有按合同规定的日期收到货物,请你写一封信,向卖方提出索赔。
4. 上宗贸易,卖方因为工厂发生事故,未能按期发货,特向买方道歉,并愿按合同第×项规定赔偿经济损失,请你写一封同意索赔信。
5. 买方未能在合同规定的日期以前开立信用证,卖方就由此而造成的经济损失向买方提出索赔。请你代卖方写一封索赔信。

第27课 代 理

一、指 导

代理是国际贸易中常用的一种贸易方式。一项交易不是由买卖双方直接洽成①，而是通过第三者达成的，这个第三者就称为代理。寻求代理或申请作代理，常常通过信函的方式来完成。这类信函的写法大致如下：

1．首先本着双方友好合作的原则进行协商，措词要诚恳、严谨。

2．写申请为代理或请求对方为代理的信函时，要全面、明确、精炼②地说明自己一方的优势及所享有③的信誉情况等。同时还要表达出真诚合作的态度，以取得对方的信任，达到预期的目的。

3．写辞做代理或谢绝④对方为自己的代理的信函时，应委婉、客气地阐明⑤原因，请求对方谅解，并表示如果以后有机会愿意合作。

词　语

①洽成	qiàchéng	come to an agreement	協議して契約を結ぶ
②精炼	jīngliàn	refine; purify	精錬する，精製する
③享有	xiǎngyǒu	enjoy (rights)	受けている，博している

| ④谢绝 | xièjué | refuse; decline | 謝絶する，断わる |
| ⑤阐明 | chǎnmíng | clarify | せん明する，明らかにする |

二、例　　文

例一　申请做某公司销售代理

××公司：

　　现冒昧①写信询问贵方，是否有意委托我方为贵公司的销售代理，以扩大你方纺织品向我国的出口业务。

　　此地对纺织品，特别是对精纺毛花呢②及印花③棉织品的需求量日增，销售前景④确是⑤极好。一旦我们获得你方样品及详细情况，便⑥告知哪些是适销⑦的，并选出适销的商品向客户兜售⑧。

　　我公司在此地已开业逾⑨十五年，与本地许多批发商有密切的业务联系。深信，如贵方给我方以经营你方货物的机会，将可获得双方都满意的结果。如同意为代理，请进价、佣金率⑩及支付条款，以便与客户洽谈订货事宜。

　　盼得肯定答复

××公司
一九九四年十月九日

词　　语

| ①冒昧 | màomèi | venture; make bold | 軽率愚まいを顧みず |
| ②精纺花呢 | jīngfǎng huāní | high quality | 精紡の模様のづ |

		woollen cloth	
③印花	yìnhuā	printing	捺染した
④前景	qiánjǐng	prospect	見通し，見込み
⑤确是	quèshì	really; indeed	確かだ
⑥便	biàn	then; soon	たとえ……しても
⑦适销	shìxiāo	market ability	販路が広い，売れ行きが早い
⑧兜售	dōushòu	peddle; hawk	売りさばく，あちこち物を売り歩く
⑨逾	yú	exceed; go beyond	越える，超過する
⑩佣金率	yōngjīnlǜ	commission rate	手数料

例二 同意对方为销售代理

××公司：

多谢贵公司十月九日来函。你公司认为我产品在贵地能有良好市场，至感①欣慰。

我方甚愿委任贵公司为销售代理。凡通过你公司接受的订货单，我们按所订净值②百分之十六给予你方佣金，但需你公司承应在我们银行内存入足够的保证金。

保证金存妥后，我方愿与贵公司正式签约，给予为期三年的独家代理权，以保证你公司的利益。

望接受以上条款，就任本公司代理。

××公司

一九九四年十月二十日

词　　语

| ①至感 | zhìgǎn | deeply sensed | 感激の至り |
| ②净值 | jìngzhí | net worth; net value | 正味現価，正味資産 |

例三　拒绝做销售代理的要求

××公司：

贵公司10月9日函提出，希望做我公司在贵地的销售代理，愿为我产品在贵地扩大市场提供帮助，我方万分感谢。

但我十分遗憾地告知贵方，我公司在贵地已设销售机构①，专门经营销售业务，目前不宜再委托销售代理。我方很愿与贵方合作，暂将贵函存档，一旦出现合作机会，我将主动与贵公司联系。

我方目前贸易方式是直接凭订单订货，如贵方有意②经营我产品，可寄来订单，我方可在价格上、佣金上给以适当照顾。

希望有机会在广泛的领域③内与贵公司进行互利合作。

××公司
1994年10月12日

词　　语

①机构	jīgòu	organization	機関，組織，機構
②有意	yǒuyì	have a mind to	……したいと思う気がある
③领域	lǐngyù	dormain; sphere; field	領域，分野，領分

例四 确认代理条款

德国××公司：

　　兹确认上月商谈时达成的协议，并期待与你公司愉快合作取得成功。在未拟定准备签订的合同之前，我们愿确认双方达成的协议要点，即：

　　（1）代理处自1994年8月1日起开始营业，为期三年，期满后可以酌情续约①。

　　（2）代理处是在德国推销我公司产品的独家代理。

　　（3）代理处不能为你方的利益或其他商号或公司的利益，在德国推销与我公司相竞争的产品。

　　（4）所有客户订单需尽快送给我公司，以便直接供应货物。

　　（5）未经我公司同意，不得给予或承诺②任何客户赊帐③条件。

　　（6）所有由我公司供应的货品，将由我公司直接开出发票，并给你公司副本。

　　（7）加信用担保代理佣金百分之三。

　　（8）所有运往德国的货物，不论是否通过你公司所下订单，均按船上交货价给佣金百分之五，每三个月结算一次。

　　（9）客户直接与我公司清理帐目，并由我公司在每月月终寄发全月结算④清单⑤给你公司。

　　（10）本协议下的异议，由仲裁⑥解决。

　　一俟收到你方确认上述各点的来函，当即拟定⑦合同，寄送你公司会签⑧。

××国××公司
1994年10月30日

词　语

①续约	xùyuē	continuation of the journey	契約を継続する
②承诺	chéngnuò	promise to undertake	承諾する
③赊帐	shēzhàng	give or get credit	掛けで売り買いすること
④结算	jiésuàn	clearing	決算する
⑤清单	qīngdān	detailed list	明細書，目録
⑥仲裁	zhòngcái	arbtration	仲裁する
⑦拟定	nǐdìng	plan; intend	制定する，定める
⑧会签	huìqiān	sign	立ち会い署名する

例五　关于独家代理协议

××公司：

关于贵方1993年12月8日来函的建议，经考虑后，我们同意在下列条件下委托贵方为独家代理：

1. 贵方同意在协议有效期内不代理其他商号经营同类商品。
2. 在我方收妥货款后，贵方收取销售额3%的佣金。
3. 未经我方同意，不得应允买方不符合我方贸易条款和报价的特殊条款、回扣①、折扣或佣金。
4. 本协议有效期为三年，自1994年12月1日起至1997年12月1日止，但双方须在协议期满前三个月书面通知对方终止本协议。

如贵方同意上述条款，请早日回复。

×××公司

一九九四年二月十日

词　语

① 回扣　　huíkòu　　rebate; sales commission　　割り戻し，リベート

三、常用语例解

1. 现冒昧写信询问贵方，是否有意委托我方为贵公司的销售代理。

　　"冒昧"，谦辞，意思是自己提出下述的请求有点不自量力。

　　"冒昧询问"常用于向出口方申请做对方代理的信函中，向对方提出自己做对方代理的愿望，询问对方是否同意。

　　例如：

　　现冒昧写信询问贵方是否有意在我地寻求销售代理。

　　现冒昧询问贵方是否已在我地找到了理想的销售代理。

　　现冒昧去函询问贵方寻求代理的具体条件是什么。

　　现冒昧写信询问贵方是否有意以代理方式进口我方产品。

2. 深信如贵方给我方以经营你方货物的机会，将可获得双方都满意的结果。

　　"如……将……"一语适用于自荐作销售代理信函中，用来劝说对方委任自己做代理。

　　例如：

　　如获得贵方委任，将对你我双方都有利。

如我方能成为贵方代理,将会使贵方产品迅速销往我全国各地。

如获贵方委任为销售代理,将有利于提高贵方产品的知名度。

如获贵方委任,我将迅速在本国为贵产品打开市场。

3. 我方甚愿委任你公司为销售代理。

"甚愿"就是很愿意、非常愿意。

"我方甚愿……"一语常用于"同意对方作自己商品销售代理"的信函中,向申请一方表示"同意"委任的基本态度。

例如:

我方甚愿与贵方互利协作,同意贵公司做我公司的销售代理。

我方甚愿与贵方联手协作,利用贵公司在贵国的影响销售我方产品。

我方甚愿与贵公司成为贸易伙伴,现正式委任贵公司做我公司的销售代理。

我方甚愿与贵公司互利互惠,团结协作,共同推销我产品。

4. 我公司已在贵地设销售机构,目前不宜再委任销售代理。

"不宜"就是"不适合"、"不应该"。

"不宜委任销售代理"一语常用于辞谢对方做自己代理的信函中。拒绝对方作代理的原因各种各样,有时是客观上确实不能再委任,有时是属于托词(借口)。

例如:

我公司已委任贵地×××公司做我方独家代理,不宜另行委任。

我公司目前尚不知我产品是否适销于贵地,暂不宜委任销售代理。

目前尚不了解贵地行情及产品竞争情况,不宜委任销售代理。

根据我公司的实际情况,不宜委任销售代理。

四、写作练习

1. 代表你公司向×××公司申请做该公司的代理,在你地销售该公司的产品。
2. 因为你公司在×××地区已委任了代理商,不能接受对方的申请,写一封辞谢对方请求做代理的信函。
3. 代表你公司写一封同意××公司请求信函,委任该公司做你公司的独家代理。
4. 你公司想请北京××公司作你方销售代理,你给该公司写信询问他们是否愿意。同时提出作为你方销售代理的条件。

第28课 招标①与投标②

一、指　　导

招标、投标是在一些较大数量的采购和大规模工程的兴建中，常常采用的一种进出口方式。

招标是指拟购方或工程负责方公开提出拟购商品或拟兴建的工程，规定投标方法，由投标人提出价格。然后，由招标人采取择优③原则，开标④选定中标⑤人。

投标是指承包人或卖主按照招标公告的标准和条件提出期限价格，填具⑥标单叫投标。

写招标信函一般包括以下几方面内容：

1. 写清楚拟采购的商品或拟兴建的工程（具体可另附招标单）。

2. 提出合理的条件、标准与要求。

3. 说明条件十分优惠，欢迎符合条件者尽早投标，勿失良机。

写投标信函包括下列几个方面：

1. 说明自己愿意参加投标，希望与招标者友好合作。

2. 列出具体条件以证明自己的优势。如提供商品质量说明，提出最早交货期、或承建工程的质量标准、提出最早交工日期等。

3. 向招标商发出具有竞争力的价格。

4. 对招标一方提出的付款方式、付款期限有异议时，可提出要求或建议。

5. 希望获得中标消息。

词　语

①招标	zhāobiāo	invitation tender	入札募集
②投标	tóubiāo	enter a bid	入札
③择优	zéyōu	choose the best one	優れているのを選ぶ
④开标	kāibiāo	open sealed tender	開札する
⑤中标	zhòngbiāo	win the bid	落札
⑥填具	tiánjù	fill	空欄に書き込む，フォームに記入する

二、例　文

例一　招标兴建水电站

×××国××工程公司：

　　我国最近投资兴建一大型水电站，并拟引进成套设备①和有关技术。我公司受托②以招标方式承办③此项工程。贵公司曾有此种设备和技术提供给第三世界国家。现将招标单寄奉，希望按单所列要求投标，由于此一项目金额较大，兴建单位要求分期付款。其付款办法已在招标单上详细说明，希望贵公司能对此次招标给予注意并和我们进行合作。

××能源投资公司

电报挂号0000
电　　传0000
1994年1月1日

招 标 单

能建380号

中国水力电力工程总公司××能源投资公司现以公开招标方式引进先进技术设备，承包兴建一座年发电量为500万瓩大型水电站。

技术要求：

1. 经国家级机关技术注册合格。
2. 有累积三项以上在国内外承包同类工程经历。

附寄资料：

1. 承包经历证明资料三份（每项一份）
2. 技术注册合格证书（复印件）
3. 本项目的投标设备及技术资料。

本次招标付款方式：（美元付款）

凭保兑的、不可撤销信用证，分三期付款。

第一期工程：年发电量100万瓩，完工验收完毕，付总金额的20%；

第二期工程：年发电量300万瓩，完工验收完毕，付金额的50%；

第三期工程：全部竣工，年发电量500万瓩，验收合格，付清全部金额。

截标④日期：1994年3月30日
开标日期：1994年4月14日上午10:00

投 标 单

投标者国籍	
投标者名称	
最高技术注册单位	
注册证书号码	

国内、国外承包经历

国　别	工程名称	所用时间	规模及技术资料名称及号码

此项投标技术设备资料

资料名称	编　号	资料名称	编　号
1.		4	
2.		5	
3.		6	

最低报价		最早交工期	
第一期工程		第一期工程	
第二期工程		第二期工程	
第三期工程		第三期工程	

词　语

①成套设备	chéngtào shèbèi	complete plant	機械設備一式，プラント
②受托	shòutuō	be commissioned	委託をうける，頼まれる
③承办	chéngbàn	undertake	引き受ける
④截标	jiébiāo	end; close	締め切り日

例二　招标采购制造啤酒的成套设备

××国××公司：

我厂受中华人民共和国经贸部的委托，采购供制造啤酒的成套设备一批，现采用招标方式订购。不久前从你公司产品目录中得知你公司制造该项设备。故特寄奉招标单一份，希能全部按所列的规格投报。如你公司所生产的某些机器与我们的规格不尽相符①，而配套时又不影响整个设计的效果，亦可投标。但必须予以说明，并将有关技术资料附来，以便我们的技术部门鉴定是否能采用。

及早报来最优惠报盘。

××国××啤酒厂
1994年4月1日

词　语

①不尽相符	bú jìn xiāngfú	not totally conform to	完全に符合していない

例三 投标

北方有限公司：

　　贵公司1994年4月1日寄来的第65号招标单已收到。谢谢。

　　经查阅，招标单中所列商品我们均能满足贵方需要。关于付款方式，我方只能接受即期信用证，一次付款，不能接受分期付款，这亦在标单上注明。兹附上填好的标单一份，请查收。

　　关于贵公司提出，如我标单被选中，应在签订合同时缴纳① 一定保证金一事，我公司较难接受。我公司过去投标从不提供此类保证金。这点希望贵方再作考虑。

　　目前距离开标日期已不远，希望不久能获得中标消息。

　　　　　　　　　　　　　　　　　　××国××公司
　　　　　　　　　　　　　　　　　　1994年5月1日

词　语

① 缴纳　　　jiǎonà　　　　hand in; pay　　　納める

例四　中标通知

××公司：

　　我公司高兴地通知贵方，贵公司1994年5月1日有关供应下列物资的标单已经中标：

　　　　物资　　　　制造啤酒的成套设备
　　　　单价　　　　C＆F中国口岸＿＿＿＿美元
　　　　总价　　　　C＆F中国口岸＿＿＿＿美元
　　　　装货期：1994年9月19日
　　　　装船唛头：

| 毛重、净重、箱号、体积 |
| 出口国（英文）—进口国（英文） |

兹奉上①合同一式两份，请即签字后寄回一份，并请按照合同规定日期装船。根据招标条件，如迟延交货须由供应方支付罚金②800美元，此点已在合同中列明③，提请注意。

对贵公司的合作，我方甚表欣慰。相信这笔交易的圆满完成，将会导致④贵我双方之间更为密切的合作关系。

××公司
1994年8月19日

词　语

①奉上	fèngshàng	give or present with respect	差し上げる，呈上する
②罚金	fájīn	fine	罰金
③列明	lièmíng	list clearly	はっきりと列記する
④导致	dǎozhì	lead to; cause	ひき起こす，導く

三、常用语例解

1. 本公司现以公开招标方式，引进先进技术设备承包兴建大型水电站。

"以公开招标方式……"一语常用于招标信函的开头。开宗明义地公布此项贸易或工程承包方式是"公开招标"。

例如：

本厂以公开招标方式采购制造啤酒的成套设备。

本公司受托以公开招标方式承建一座大型江桥。

本公司受托以公开招标方式购买程控电报电话成套设备。

本公司以公开招标方式承包兴建一座综合石油城。

2. 招标单中所列商品我们均能满足。

此句适用于投标信中,用来声明自己具备投标条件,或具有优势。这是投标信中不可缺少的一项内容。根据不同项目、不同条件,有各种表达方法。

例如:

本公司有20多年兴建水电站的设计、施工经验和最新技术设备。

本公司生产的啤酒制造设备蜚声海外。

本公司在西亚七个国家承包兴建过九座不同规格的桥梁,有丰富的建桥经验。

本公司是集厂房建筑、园林规划、住宅楼设计以及施工备料于一体的综合建筑公司。

3. 我公司高兴地告知贵方,贵公司1994年5月1日有关供应下列物资的标单已经中标。

此句用于"中标通知"信函中,用来传达投标获中的消息。

还可以说:

现正式通知,贵方1994年5月1日关于提供制造啤酒成套设备的投标获中。

贵方1994年5月1日关于制造啤酒设备的投标,以其设备先进,价格合理一举中标。

贵方1994年5月1日关于啤酒制造设备的投标,以其设备与价格的优势而获中。

贵方1994年5月1日关于提供啤酒制造成套设备的投标,

在51家竞争者中,力压群雄,独获中标。

四、写作练习

1. 巴基斯坦招标,要求为卡拉奇供水工程建造水泵站。截标日期七月十五日,请你写一份招标函。
2. 土耳其招标要求提供三辆机场用消防车,投标保证金为七万美元,截标日期为四月三十日,请你写一份招标函。
3. 哥伦比亚欲购甜玉米罐头:
   数量:六个二十(英尺)^{3}的集装箱。
   质量:供人食用。
   包装:十至十二听一纸箱,每听净重四公斤。请你写一份招标函。
4. 请你根据上述三份招标的要求,各写一份投标函。

第29课　合资经营

一、指　导

中国经济政策规定,外国公司、企业或个人经中国政府批准,可同中国的公司、企业在中国境内合资经营。双方共同投资、共同经营,共担风险,共负盈亏①。在合资企业的注册资本②中,外方的投资比例一般不低于25%。合资双方按注册资本分享③利润,分担风险和亏损。合资经营各方可以用货币投资、也可以用建筑物、机器设备、专有技术、场地使用权等作价投资④。

请求合资经营的信函一般包括以下几个方面的内容:

1. 对自己的业务性质、经营范围,经营能力与声誉进行介绍,提供信用资料。
2. 提出合资经营对象,投资方式,资本数额。
3. 说明希望中方提供的条件。
4. 表示希望成功的愿望。

词　语

①盈亏	yíngkuī	profit and loss	損益
②注册资本	zhùcè zīběn	registered capital	登記資本金
③分享	fēnxiǎng	share	分かち合う
④作价投资	zuòjià tóuzī	making a price and invest	建値投資

二、例　文

例一　寻找合资对象

中华人民共和国驻日本大使馆：

　　我公司是日本最大的体育运动服装公司，产量占全日本运动服装的90%，在海外许多地区设有工厂，例如北美、南美、东南亚、西亚等等。本公司主要生产四季运动服装、鞋帽。我们的产品穿着舒适、做工精细、样式新颖、美观和谐，赢得世界众多消费者①的青睐②。我公司愿投资1,000,000美元，与中方合作，在中国开设羽绒服生产销售联合公司，我们愿提供设备及技术，希望中方能长期稳定③地提供特级脱脂④、脱梗⑤鸭绒、鹅绒及高密度柔软橡皮绸、尼龙绸原料。

　　恳请贵大使馆为我们推荐合适的合作伙伴。非常感谢。

　　等待着早传佳音。

日本××体育运动
服装公司
1994年6月3日

词　语

①消费者	xiāofèizhě	consumer	消費者
②青睐	qīnglài	good graces	好意を示す目つき
③稳定	wěndìng	steady	変動がない，安定させる
④脱脂	tuōzhī	de-fat; degrease	脱脂する
脱梗	tuōgěng	take off the stalk	茎を取り除く

例二　请求帮助推荐合作伙伴

中华人民共和国对外经济贸易部：

　　德国是世界著名的汽车王国，我公司是德国主要汽车产销公司之一，拥有先进的技术设备和大批管理人员、技术人员。我公司愿投资5000万美元与中国合资建立一个生产新型轿车的汽车公司。希望中国提供土地、厂房，我方提供技术设备，利用中国丰富的钢材资源和人力资源，合力发展汽车工业。愿与中方共同管理、共同经营、共享利润①、共担风险②。

　　请贵部协助物色一家合适的合作伙伴。

德国××汽车公司
1994年6月4日

词　语

①共享利润	gòng xiǎng lì rùn	share profit	利潤を共に分かつ
②共担风险	gòng dān fēng xiǎn	share risk	運命をともにし、災いあらばともにあたる

例三　请求与对方合资经营

天津电梯公司：

　　本公司是具有多年生产经验的电梯公司，生产的电梯具有省时省电、舒适轻便、经久耐用①、灵敏安全等优点，在世界上享有很高声誉。许多国家和地区都在使用我们的电梯。我公司可生产代表世界最高技术水平的写字楼、饭店及民用住宅②电梯。为了进一步扩大我电梯市场，利用中国的丰富资源③和人力，为了帮助中国电梯打进国际市场，促进中国经济更快发展，我公司有意与贵公司在中国合资经营一家电梯公司。

我方出资100万美元和最新成套技术设备，双方共同规划④与管理，由贵方负责筹建⑤。

希望能与你们成功合作。

××国××电梯公司
1994年6月5日

词　语

①经久耐用	jīnjiǔ nàiyòng	durable; able to stand wear and tear	長持ちする
②住宅	zhùzhái	residence	住宅
③资源	zīyuán	resources	資源
④规划	guīhuà	programme	企画（する）
⑤筹建	chóujiàn	prepare to construct or establish sth	設立を計画する

例四　请求联合建立毛纺品公司

上海纺织工业局：

我公司是香港最大的毛纺品生产、经销联合公司。拥有世界先进水平的纺织技术、世界一流的生产设备和严密①有效的管理机制②。本公司生产的毛纱、呢绒③和毛针织品销往世界各地，得到消费者的普遍赞赏。我公司愿以向贵方提供先进技术和设备作为投资，充分利用大陆丰富的原料和人力，与贵方联合兴建一座大型毛纺织品工厂，与贵方共同经营、共同管理。利用我方在国际上的影响，定能将产品打入国际市场。

盼早日得到答复。

香港××毛纺公司
1994年6月6日

词　语

①严密	yánmì	tight, close	厳密だ，周密だ，綿密だ
②管理机制	guǎnlǐ jīzhì	management system	管理機構，管理組織
③呢绒	níróng	wool fabric; woollen goods	毛織物の総称

三、常用语例解

1. 德国是世界著名的汽车王国，我公司是德国主要汽车产销公司之一，拥有先进的技术设备和大批管理人员以及技术人员。

　　此句用于请求与对方合资经营信函中，用来介绍自己一方的业务性质、经营能力与声望。这是此类信函主要内容之一。

　　例如：

　　我公司是××国最大的运动服装公司，产量占全国总产量的90％，在海外许多地区设有工厂。

　　我公司是具有多年产销经验的电梯公司，拥有雄厚的技术力量和庞大的技术队伍，产品远销世界各地。

　　我公司是××最大的毛纺品产销公司，拥有世界先进水平的纺织技术、世界一流的生产设备和严密有效的管理机制，产品销往世界五大洲。

  本公司是日本最大的钟表公司之一，领导钟表新潮流，电子技术誉满全球。

2. 我公司愿投资100万美元，与中方合作，在中国开设羽绒服产销联合公司，我们提供技术设备……。

  此语提出请求与对方合资经营的对象、投资方式、资本数额等。

  例如：

  我公司愿出资100万美元和最新成套技术设备与贵公司在中国合资经营一家电梯公司。

  我公司有意与贵公司在中国合资经营一家电梯公司，我方出资100万美元和先进技术设备。

  我公司愿以向贵方提供技术、设备作为投资，与贵方联合兴建毛纺品工厂。

  我方愿以5,000万美元的无缝钢管作为投资，与中方合资开采西北油田的石油。

3. 希望中方提供土地、厂房，……

  此句用来提出在合资经营中，希望对方提供的条件。

  例如：

  希望中方能长期稳定地提供特级脱脂、脱梗鸭绒和高密度柔软橡皮绸、尼龙绸原料。

  希望中方提供房地产设备及优质羊绒、羊毛、驼毛、兔毛等原料。

  希望中国提供现代化厂房、优质钢材和与生产配套的服务设施。

  希望中国提供原料、人力和配套建筑设施。

四、写作练习

1. 你作为你公司的职员,请以公司的名义拟文,向中华人民共和国经贸部申请合资经营电器公司,你方可提供技术、设备,希望中国出场地、人工和原料。
2. 你作为一家服装公司的总经理,向中国国际信托公司申请合资经营服装厂,你公司投资500万美元现金,并提供先进技术,中国提供场地、人工、原材料。
3. 你作为一名化妆品公司的职员,请代表你公司请求与北京三露厂合资经营化妆品厂,你方提供技术、设备与配方,中国出场地、原料与人工。

第30课　补偿贸易①

一、指　　导

补偿贸易是贸易中卖方以贷款②形式向买方企业提供机械设备③、技术、专利④和各种服务等，待项目投产后，进口方用该项目的直接产品或双方商定的其他办法清偿⑤贷款。由于进口方偿还贷款和利息⑥是采取补偿的办法，所以叫补偿贸易。补偿贸易还包括买方用卖方提供的机械、原材料⑦进行加工或机器装配⑧，产品归还卖方，买方只收加工费，并用加工费偿还进口机械设备费用。

由此可见，补偿贸易是进出口结合的贸易方式，是贸易与信贷⑨相结合的方式。提供设备的一方以贷款方式出口设备，同时承担购买对方一定数量直接商品的义务。

补偿贸易信函是贸易双方在补偿贸易方式的范围内，磋商对流⑩商品的各项贸易条件的书面谈判。

主要就以下三方面的问题进行磋商：

1．进口设备一方提出关于补偿贸易的原则和条件，对方就这些条件发表意见，提出办法。

2．设备技术的价格、利率、偿付期、补偿办法，双方通过信函协商，以求达成协议。

3．补偿贸易的偿付方式：回购⑪、互购⑫、混合型⑬的选定。通过协商，找到共识。

词 语

①补偿贸易	bǔcháng màoyì	compensation trade	補償貿易
②贷款	dàikuǎn	loan; credit	貸し付け，借款
③设备	shèbèi	equipment	設備
④专利	zhuānlì	patent	専売特許
⑤清偿	qīngcháng	settle up	全額返済する，すっかり返す
⑥利息	lìxī	interest	利息
⑦原材料	yuáncáiliào	raw material	原料と材料
⑧机器装配	jīqì zhuāngpèi	install machinery	機械を組み立てる
⑨信贷	xìndài	credit	信用貸し付け
⑩对流	duìliú	to be buyer and seller each other	対流（互いに輸入し輸出する）
⑪回购	huígòu	buy back;	自分が提供した設備で生産した製品を購入する
⑫互购	hùgòu	counterpurchase; parallel deals	互いに購入する
⑬混合型	hùnhéxíng	mixed type	混合タイプ

二、例 文

例一 买方对补偿贸易的基本原则

××国××公司：

贵方1994年6月20日来函,说愿以补偿贸易方式向我方提供印刷①工业机械设备和先进技术,对此,我方十分感谢。

我方对通过补偿贸易进口机械设备和技术的基本原则②如下:

1. 先看技术设备的资料,以保证能适合我方需要和设备的先进性。
2. 用进口技术设备直接产品返销③来补偿。
3. 直接产品返销金额要大于引进④设备金额。

如贵方同意接受我上述条件,我方愿与贵方进一步进行协商。

盼早日赐复

中国××印刷工业公司
1994年6月30日

词　语

①印刷	yìnshuā	print	印刷する
②原则	yuánzé	principle	原則
③返销	fǎnxiāo	sell back	設備などを輸入し、それによって生産した製品をもって輸入代金を償還する貿易方式
④引进	yǐnjìn	introduce	導入する

例二　卖方愿接受买方条件

中国××印刷工业公司:

贵方6月30日来函收悉。我方愿接受贵方提出的全部条件。现分别说明如下：

1. 本公司下属的印刷技术研究所每年都有新成果①问世②，促使我产品的及时更新换代③。拟向贵方提供的设备都是代表90年代最新技术的产品，这从我"出口产品技术资料"可以看出。

2. 我方所提供设备以贷款方式先供货，待设备投产后，以回购直接产品的形式，分期偿付④贷款的本息。

3. 我方愿以回购全部直接产品为补偿条件，直至偿清贷款愿同贵方密切合作。

贵方索要的我方出口产品技术资料一式两份，另封寄送。产品目录上所列产品均有现货供应，望贵方来函按标号说明所需产品，以便进一步磋商。

××国××公司

1994年7月20日

词　语

①成果	chéngguǒ	achievement	成果
②问世	wènshì	be published; come out	世に問う，出版する
③更新换代	gēngxīn huàndài	renew	更新する
④偿付	chángfù	in settlement of	返済する，償還する

例三　拒绝回购方式补偿

中国××印刷工业公司：

贵公司6月30日函收悉。按国际惯例，贵方所提条件并不过分。但从我方实际出发，有必要就贵方所提第二条与第三条进一步同贵公司商榷。

我公司的经营业务是为机械设备制造厂商寻找国际市场，从未经营过其他产品销售业务，因此没有回购产品的销售渠道①，不能接受贵方的返销补偿条件。

然而，我方提供的技术、设备是属高科技、深度加工②型，这一点从我方寄去的"科技资料"可以得到证实。这将对贵产品的出口十分有利。我方从互利的原则出发，提议按我技术设备年产值的20%现金作为补偿，分批偿付，偿清③为止。

请速答复。

××国××公司

1994年7月20日

词　语

①销售渠道	xiāoshòu qúdào	sales channel	販路，売れ行き
②深度加工型	shēndùjiāgōng xíng	most advanced techniques	深度加工型
③偿清	chángqīng	clear off	全部返済する

例四　采用单独结汇，信用证付款

中国××公司：

我们高兴地看到，此项交易通过磋商，达成协议，决定设备与回购商品采用单独结汇、信用证付款的办法。现将达成的付款方式细则归纳如下：

一、关于我方提供的机械设备价款的偿付

1. 订约后30天内我方通过银行开出以你方为受益人的供货

保证书，你方凭保证书通过该行向我方交付设备总额10%的定金①。我方收到定金后20天内将全部设备装运完毕。

2．其余90%货款在四年内分四次偿清。自我方设备最后一批主件②装运的提单③日期算起，一年为一期，付款一次。

3．每期金额：第一次偿还期为上述提单日一年后的该日期，金额为总价90%的四分之一。以后每年该日期偿还一次，金额相同，外加利息。四次还清。

4．远期付款部分的利息按优惠年利率20%，利息将随每期付款一起支付。

二、关于回购贵方产品价款的支付

1．贵方进口设备投产后三个月内给我方寄来"投产通知"，告知我方设备运转及使用状况。

2．如一切正常，我方在接到通知后30天内开出有效期一年、金额约为该项设备一年产量的总值，以你方为受益人的不可撤销④的即期循环信用证⑤。

3．证到后30天内贵方装运第一批货。以后每月交货一次，并及时结汇⑥一次。以便我方及时为信用证恢复金额。直到最后一批货物结汇完毕，信用证自动失效。

上述细则如贵方无异议，即请签订补偿贸易合同。等候回音。

××国××公司
1994年7月20日

词　语

①定金	dìngjīn	earnest money	手付金
②主件	zhǔjiàn	main part	主な部品，重要な部品
③提单	tídān	bill of lading	ビーエル，

			B/L，貨般引き替え証
④不可撤销	bùkě chèxiāo	that can not be cancelled	取消不能
⑤即期循环信用证	jíqī xúnhuán xìnyòngzhèng	sight circle letter of credit	一覧信用状，サイト、クレジット
⑥结汇	jiéhuì	settlement of exchange	為替決済

三、常用语例解

1. 我方关于通过补偿贸易进口设备的基本原则是：……

"基本原则"是进行某项活动所依据的标准。在这里是指向对方提的合作条件，也可以说成"基本条件"或"基本要求"。

在双方联系进行补偿贸易的信函中，常用来引出具体条件或要求。

这些条件常由进口设备一方提出。

例如：

我方对通过补偿贸易进口技术设备的基本条件是：……

我方通过补偿贸易进口设备、技术，需遵循如下基本原则：……

我方以补偿贸易方式进口设备，要遵循如下基本原则：……

我方对通过补偿贸易进口设备的基本要求是：……

2. 我方愿接受贵方提出的全部条件。

此句适用于联系补偿贸易的出口设备方的回信中，表示愿意在对方提出的原则下（或答应对方提出的条件）进行补偿贸易。但也可表示有条件地接受，或接受一部分，另一部分再进一步协商。

例如：

我方愿接受贵方提出的部分条件。

我方可接受贵方提出的前两个条件。

我方愿在有银行担保收汇的条件下接受贵方提出的要求。

有时，出口方为了出口设备，主动提出回购产品的条件。

例如：

我方愿以贷款方式提供设备，以回购直接产品作为补偿。

我方愿提供技术和人才，以回购间接产品作为补偿。

我方愿以援建方式提供技术和人才，以轻工业品、农副产品作为补偿。

3. 我方不能接受贵方返销直接产品作为补偿的条件。

此语用于联系信中，表达出口设备技术方对对方提出的部分条件拒绝接受的意见。

例如：

我方不能接受贵方提出的返销补偿方式。

我方不能接受贵方返销全部产品的补偿方式。

我方不能接受返销农产品的补偿方式。

我方不能接受返销间接产品的补偿方式

四、写作练习

1. 甲公司向乙公司提出，由乙公司提供工厂设备和技术，甲公司提供用这些设备和技术生产的成品，在十年内全部偿清设备等款项。请你代替甲公司给乙公司写一封信。
2. 日本某公司设备和技术先进，但由于能源和劳动力成本高昂，利润并不优厚。因此，愿与中国某工厂进行补偿贸易，由日本某公司提供设备，由中国某工厂在本地购进原料进行生产，产品大部分由日方回购。请你代表日本某公司给中国某公司写一信函。
3. 某技术设备出口公司建议暂不承担产品返销义务，机器设备采用延期付款方式。待设备投产后，用该设备的直接产品出口所得外汇偿还设备技术的价款，这也是补偿贸易方式的一种。

   请你写一封进口设备方接受上述条件的信。
4. 针对上述设备出口方提出的付款办法，写一封进口设备方拒绝接受的信，要讲明不能接受的理由，提出新的解决办法。

第31课 易货贸易①

一、指 导

贸易中的一方，用自己的产品按双方协商规定的价格，来偿付从对方进口产品的货款，叫易货贸易。贸易双方是具有约束性的对等关系。

易货贸易有以下三种方式：

1. 双方各自提出指定商品，同时成交、签订一份合同，习惯称做直接易货贸易。

2. 一方先出口，达到一定贸易额后，对方再提出双方同意的、对等②价额的其他商品，安排出口，完成对等义务，习惯称做记帐易货贸易。

3. 双方先达成一个一定贸易额的易货协议，然后双方各自提出具体商品，达成交易，直到双方都完成了全额③供货和购买义务为止，习惯称做协定易货贸易。

易货贸易的支付：

1. 直接易货：双方货物当面交换，或在银行担保下，经由银行交换货运单据。

2. 对开④信用证：进出口成交后，一方开出的信用证，待对方开来信用证后，方始生效。

3. 双结汇⑤易货：双方开立的信用证各自单独结汇。

4. 记帐易货：一方先以记帐方式出口，完成约定数额；另一方再出口，记帐冲销⑥。

易货贸易书信指用来商讨易货方式和支付方式的信函。

至于易货贸易的金额、双方的商品、价格、交货期、包装、商检、装运等虽也需讨论，但这些都和一般贸易相同。我们在前边已经讲过，这里不再重复。

词　语

①易货贸易	yìhuò màoyì	barter trade	バーター貿易
②对等	duìděng	on an equal footing; equal to; reciprocal	対等（の）
③全额	quán'é	all of the mount of money	全額
④对开（信用证）	duìkāi	write out each other	同時開設（信用状）、バックトウバック（信用状）
⑤双结汇	shuāngjiéhuì	exporter and importer settle balance by themselves	輸出と輸入は別々に為替を決済する
⑥记帐冲销	jìzhàng chōngxiāo	open account cancel out each other	記帳をして貸借を相殺する

二、例　文

例一　建议以双结汇方式易货

××国××公司：

我公司经营防寒服装及体育用品贸易和批发业务。我公司的羽绒服①、晴伦棉②、蓬松棉③、太空棉④等防寒服装，加工精致、样式新颖、货真价实⑤。贵公司生产的冰鞋⑥、滑雪板⑦、滑雪杖⑧等在我国消费者中素享盛名⑨。我方愿以我防寒服装换贵方冬运器材⑩，进行易货贸易。

如贵方有意进行此项交易，我方建议采用双结汇方式支付，这样进出灵活，不受约束，平等互利。

请速来信。

中国××公司
1994年10月15日

词　语

①羽绒服	yǔróngfú	feather coats	フェザーコート，ダウンジャケット
②晴伦棉	qínglúnmián	orlon cotton	化学繊維の一種
③蓬松棉	péngsōngmián	puffy chemical fibre	化学繊維の一種
④太空棉	tàikōngmián	kind of chemical fibre	化学繊維の一種
⑤货真价实	huò zhēn jià shí	the goods are excellent and the prices are cheap	品質が信用できて価格も安いうそ偽りがない，正直正銘だ
⑥冰鞋	bīngxié	skates; iceskates	スケート靴
⑦滑雪板	huáxuěbǎn	skis	スキー板
⑧滑雪杖	huáxuězhàng	skiing sticks	ストック
⑨素享盛名	sù xiǎng shèng míng	usually be held reputation	以前から有名だ

⑩冬运器材　dōngyùn qìcái　winter's sports equipments　ウインター・スポーツの器材

例二　回信提议以记帐易货支付

中国××公司：

　　贵方10月15日来函收悉。我方对贵方提出的这项易货贸易很感兴趣。我们认为贵方的提议有利于我们双方互利互补①、互通有无②地开展贸易。贵方拟提供的防寒服装在我地很适合销售，我方拟提供的冰雪运动器材也有充足的货源，以满足贵方需求。

　　关于支付方式问题，我们认为双结汇的方式容易受外汇牌价③变动的干扰④，造成先后交货双方进出失去平衡⑤。为避免外汇牌价变动的风险，我方提议以记帐易货方式支付，这样更有利于进出平衡、互利互惠。

　　望贵方能接受我方建议。

　　等候回音。

××国××公司
1994年10月22日

词　语

①互补	hùbǔ	make up each other	互いに補う
②互通有无	hùtōng yǒuwú	mutual help to make up what the other lacks	互いに足りないものを融通しあう
③外汇牌价	wàihuì páijià	a par of exchange	外国為替相場
④干扰	gānrǎo	interfere with; jam (boadcasts)	邪魔する

⑤平衡　　pínghéng　　　balance　　　つり合う衡均，がとれている

例三　采用协定易货方式，对开信用证付款

××国××公司：

　　我厂生产的各种肉类罐头食品，在1990年春季广州出口商品交易会上举办的品味活动中，得到世界各国美食家们的高度评价，一致认为这些罐头不仅质优味美，而且合乎西方人的口味。此后，该货畅销①西欧、北美和太平洋国家，经久不衰②。近年来，肉用禽③畜品种不断改良④，肉质⑤不断提高，肉类罐头的质量也随之提高，这一点已经引起了老客户们的注意。

　　我们相信，这些罐头食品也会适合贵地消费者的口味，现寄奉部分样品，供贵方品尝。如适销贵地，我方愿用罐头食品换贵地盛产⑥的木材，进行易货贸易。

　　建议采用协定易货，对开信用证支付。

　　望贵方速来函说明意见。

中国北方罐头厂
1994年9月1日

词　语

①畅销	chàngxiāo	good sale	販路が広い，売れ行きが良い
②经久不衰	jīngjiǔ bù shuāi	keep on energetic prolonged	衰えないで長持ちする
③禽	qín	fowls	家禽
④改良	gǎiliáng	make only superficial changes	改良する

⑤肉质	ròuzhì	quality of meat	肉の質
⑥盛产	shèngchǎn	be rich in	豊富に産出する

例四　同意协定易货对开信用证支付

中国北方罐头厂：

贵方9月1日函与寄送的供品尝罐头样品均已收到，并按贵方建议邀我地食品经销商界有关人士一起进行了品尝。果然如贵函所说，这些罐头食品适合我地消费者的口味。如贵方价格合适，我方同意接受贵方建议，与贵厂开展以木材①换罐头食品的易货贸易，进行互谅互惠②的合作。

我方木材价格同已往与贵国兄弟单位交易时一样，易货价格将保持相对稳定③。请贵方及早报来最优惠价格。

如果成交，愿接受贵方提出的以对开信用证方式，同时交货，同步结汇。

等候早传佳音④。

××国××公司
1994年9月20日

词　语

①木材	mùcái	timber	木材
②互谅互惠	hùliàng hùhuì	mutually tolerate and help	互いに理解し，相互に利益や恩典を享受する
③稳定	wěndìng	steady	安定する，おちつく
④早传佳音	zǎo chuán jiā yīn	reply by good news	吉報をお待ちしております

三、常用语例解

1. 我方愿以我防寒服装换贵方冬运器材,进行易货贸易。

    "愿以……换……,进行易货贸易"一语,常用于主动联系易货贸易的信函中,用来表达自己一方与对方进行易货贸易的愿望,提出了交换货物的种类。

    例如:

    我方愿以黑龙江特产高级绵白糖换贵方不锈钢餐具,进行易货贸易。

    我方愿以照相器材换贵方牛仔服装,进行易货贸易。

    我方愿以运动器材换贵方的搪瓷厨具,进行易货贸易。

    我方愿以优质钢材换贵方压力水瓶生产设备与技术,进行易货贸易。

2. 建议以双结汇方式支付。

    "建议以……方式支付"一语适用于主动联系易货贸易信函中,用来提出自己认为满意的支付方式,与对方商讨。

    "建议"就是提出自己的主张,与对方商议。

    例如:
    建议以有银行担保的直接易货方式支付。
    建议以对开信用证方式支付。
    建议以没有银行干预的直接易货支付。
    建议以记帐易货方式支付。

3. 为避免外汇牌价变动的风险,我方提议以记帐易货方式支付。

    "为……,我方提议以……方式支付(易货)"一语适用于联系易货贸易的回信中,表示不同意对方提出的易货方式或支付方式,说明不同意的理由,提出自己的主张。

例如：

为确保安全收货，我方提议采用协定易货方式。

为简化易货程序，我方提议以直接易货方式，当面议付，不必通过银行。

为确保双方利益不受损害，我方提议采用有银行担保的直接易货方式支付。

为灵活便利，避免互相约束，我方提议采用协定易货，双结汇方式支付。

此句中"我方提议以……方式支付（易货）"也可以说成"我方认为用……方式易货（支付）为好（为宜）"

例如：

为确保双方安全收货，我方认为用有银行担保的直接易货方式为好。

为避免外汇牌价变动的风险，我方认为用记帐易货方式支付为宜。

四、写作练习

1. ××国××羊毛加工厂想用自己生产的羊毛换中国生产的毛毯，希望采用没有银行干预的直接易货方式进行易货贸易。

    你帮该公司给中国毛毯厂写一封中文信，进行联系，把他们的意见、要求表达清楚。

2. 中国毛毯厂同意与××羊毛加工厂进行易货贸易，但不同意没有银行干预的直接易货，而认为有银行担保有利于安全收货。

    根据中方的上述意见，你给该羊毛加工厂写一封复信。

3. 中国北方贸易公司想用牛肉换俄罗斯东方木材公司的木材，用双结汇方式支付。

俄罗斯木材公司同意在价格可行的情况下接受此项易货贸易，但不同意用双结汇方式支付，理由是双结汇有外汇牌价变动的风险，因此提议用对开信用证方式支付。

你代俄罗斯东方木材公司给中国北方公司写一封中文信，把他们的意思告诉中方。

附：

词 汇 表

A

爱莫能助	ài mò néng zhù	willing to help but unable to do so	助けたくても助けられない	23
爱惜	àixī	cherish; use sparingly	大切にする	10
安全感	ānquángǎn	sense of security	安全感	9
安慰	ānwèi	comfort; console	慰める	23
安装	ānzhuāng	install	据えつける，取り付ける	10
按……	àn	on the basis of; according to	……によって	21
按摩	ànmó	massage	マッサージ	9
按期	ànqī	on time	期日どおり	4

B

疤痕	bāhén	scar	傷跡	7
把关	bǎguān	check on	点検する，調べる	1
耙	bà	harrow	まぐわ	6
八折	bāzhé	20% discount	二割引き	26
百闻不如	bǎiwénbùrú	it is better to see	百聞は一見にし	

265

一见	yí jiàn	once than hear a hundred times	かず	7
斑痕	bānhén	fleck	傷あとそばかす	16
磅	bàng	pound	ポンド	26
包括	bāokuò	include	含む，包括する	
褒	bāo	praise; honour; commend	ほめる，称賛する	
宝贵	bǎoguì	precious	貴重な	13
保留条件	bǎoliú tiáojiàn	condition of retaining	保留条件	18
保险单	bǎoxiǎndān	insurance policy	保険証券	21
保险费	bǎoxiǎnfèi	insurance premium	保険料，険掛り	15
保修期	bǎoxiūqī	limit to guarante to keep sth in good repair	保証期間	51
保养	bǎoyǎng	keep in good repair	手入れをする，修理調整する	6
保用	bǎoyòng	ensure	ある期間は故障があった場合無料で修理することを保証する。	7
报答	bàodá	repay	報いる	3
报价	bàojià	quoted price	オファーン，売買契約の申し込み	5
报盘	bàopán	otter	クオーテーション	71
悲伤	bēishāng	sad; sorrowful	悲しむ	7

备齐	bèiqí	get all ready	全部取りそろえる	24
备妥	bèituǒ	to get ready	もれなく準備する，全部取りそろえる	24
彼此	bǐcǐ	each other	おたがいに，両方	10
避免	bìmiǎn	avoid	避ける	14
闭幕式	bìmùshì	closing ceremony	閉幕式，閉会式	12
贬	biǎn	demote; reduce; censure	けなす，悪評する	13
扁	biǎn	flat	平たい，扁平だ	18
便	biàn	then; soon	たとえ……しても	27
辩解	biànjiě	provide an explanation	弁解する	24
冰鞋	bīngxié	skates; iceskates	スケート靴	31
标明	biāomíng	mark	表記する，明示する	17
标题	biāotí	title	見出し，タイトル	7
标志	biāozhì	mark	しるし，シンボル	12
表示	biǎoshì	show	表す，示す	10
别具一格	bié jù yì gé	have a unique style	独特な風格を備えている	7
播放	bōfàng	broadcast	放送する	8
博得	bódé	win; gain	得る，博する	19

补偿	bǔcháng	compensate; make up	補償する，償う 21
补偿贸易	bǔcháng màoyì	compensation trade	補償貿易 30
不符	bùfú	not conform to	……に合わない 26
不尽相符	bújìn xiāngfú	not totally conform to	完全に符合していない 28
不可撤销	bùkě chèxiāo	that can not be cancelled	取消不能 18
不胜感激	búshèng gǎnjī	be deeply grateful	感謝にたえない 22
不妥	bùtuǒ	not proper	妥当でない，よくない 26
不言而喻	bù yán ér yù	it goes without saying	言うまでもない 24
步骤	bùzhòu	step; move; measure	段取り 24
部门	bùmén	department	部門 6

C

才干	cáigàn	ability; competence	才能，手腕
财源茂盛达三江	cáiyuán màoshèng dá sā jiāng	financial resource is flourishing	商売をやってよくもうけることのたとえ 5
财政	cáizhèng	finance	財政 14
采取	cǎiqǔ	adopt; take	取る，採る 24

采用	cǎiyòng	adopt	採用する	7
菜肴	càiyáo	cooked food	料理，おかず	2
参考	cānkǎo	reference	参考にする	14
参考价	cānkǎojià	reference price	参考価格	18
仓储费	cāngchǔfèi	money paid for keeping in a store house	倉庫料	24
舱位	cāngwèi	shipping space	シップズ，スペース	4
操作	cāozuò	operate; manipulate	取り扱う，操作する	6
操作原理	cāozuò yuánlǐ	operating principle	操作原理	9
草编织品	cǎobiānzhīpǐn	straw-weaved product	わらや草などで編んだ物	22
曾	céng	once	かつて	14
插播	chābō	insert broadcasting	にするテレビの番組の途中に、広告等を放送する	8
差距	chājù	gap; disparity	ギャップ，へだたり	9
查收	cháshōu	please find	査収する	10
查询	cháxún	inquire about	査問する，問い合わせる	14
拆卸	chāixiè	dismantle; disassemble	分解する，解体する	18
阐明	chǎnmíng	clarify	せん明する，明	

			らかにする	27
长存	chángcún	live forever	長く続く	4
偿付	chángfù	in settlement of	返済する，償還する	30
偿清	chángqīng	clear off	全部返済する	30
场合	chǎnghé	occasion	場合	10
畅销	chàngxiāo	good sale	販路が広い，売れ行きが良い	31
超出	chāochū	overstep; go beyond; exceed	超過する，こえる	10
超群的才干	chāoqún de cáigàn	preminent ability	群を抜く手腕	5
超载	chāozài	over load	オーバーロード 過重荷	4
撤约	chèyuē	withdraw the treaty	契約を解除する	24
陈述	chénshù	state	陳述する	14
衬	chèn	lining	下に当てる，下に着る	20
衬垫	chèndiàn	liner	あて布，ライナー	18
成本	chéngběn	cost	コスト，原価	15
成功	chénggōng	success	成功する	7
成果	chéngguǒ	achievement	成果	30
成就	chéngjiù	achievement	成績，業績	
成套设备	chéngtàoshèbèi	complete plant	機械設備一式，プラント	
诚恳	chéngkěn	sincere	真心がこもって	

			いる，ねんごろ だ	2
诚挚	chéngzhì	sincere; cordial	誠意にみちる	4
诚如是	chéngrúshì	if so	ほんとうにそうなったら	21
承兑交单	chéngduì jiāodān	documents against acceptance	D/A，引受書類渡し	22
承揽	chénglǎn	contract to do a job	引き受ける，請負う	6
承蒙	chéngméng	be indebted (to sb for a kindness)	…を被，……にあずかる	4
承诺	chéngnuò	promise to undertake	承諾する	27
持函人	chíhánrén	person with the letter	手紙を持っている人	3
迟开	chíkāi	to make out an invoice with delay	（文書の）作成の延滞，……を書くことて遅らせる	26
尺码	chǐmǎ	size; measures	サイズ	20
冲溶	chōngróng	melt by pouring boiling water	湯で溶ける	9
重复	chóngfù	repeat; duplicate	繰り返す，重複する	6
重申	chóngshēn	reaffirm; restate	重ねて述べる	24
筹备处	chóubèichù	preparatory department	設立事務所	1

筹建	chóujiàn	prepare to construct or establish sth	設立を計画する	29
出差	chūchāi	be on a business trip	出張する	4
出口地银行	chūkǒudì yínháng	bank of the exporting place	輸出地の銀行	22
锄	chú	hoe	すき	6
橱窗	chúchuāng	show (display) window; showcase	ショー・ウインドー	2
处理	chǔlǐ	handle; deal with	処理する	22, 22
触犯	chùfàn	offend	犯す, 触れる	12
船期	chuánqī	sailing date	出帆期日, 船の出入港の日時	24
船载	chuánzài	load of a boat	船の積載重量	4
传统	chuántǒng	tradition	伝統	1
创新	chuàngxīn	blaze new trails	新機軸を出す	7
吹	chuī	brag; break up	吹聴する, ほめそやす	7
纯正	chúnzhèng	pure	純正だ, 純粋だ	1
赐复	cìfù	favour sb with a reply	ご返事たまわりたくお願いいたす	16
赐教	cìjiào	condescend to teach	ご指導をお願いいたします	3

聪明才智	cōngmíng cái zhì	intelligence and wisdom	聡明と才能と知恵	5
从速	cóngsù	as soon as possible; without delay	すみやかに	24
从未	cóngwèi	never	これまで……したことがない	14
促进	cùjìn	stimulate	促す	1
促使	cùshǐ	urge	……するように仕向ける，促進する	16
催	cuī	urge	せき立てる，促す	24
催促	cuīcù	urge; hasten; press	催促する	23
磋商	cuōshāng	consult; exchange views	協議する，相談する	20
措施	cuòshī	measure; step	措置	24

D

打（量）	dá	dozen	ダース	4
达成	dáchéng	react (agreement)	達成する	2
打字机	dǎzìjī	typewriter	タイプライター	16
大幅度	dàfúdù	a big margin	大幅に	19
代办托运	dàibàn tuōyùn	forwarding operation	運送代理，託送代行する	7
代理	dàilǐ	act as agent	代理	6

代理银行	dàilǐ yínháng	agency bank	代理銀行 22
代替	dàitì	replace	代る，代える 7
贷款	dàikuǎn	loan; credit	貸し付け，借款 30
带壳核桃	dàikě hétao	walnut	カラっきのクルミ 17
担保	dānbǎo	assure	保証する 15
单个	dāngè	an odd one; alone	一つだけ，片直れ 7
单位	dānwèi	unit	機関，会社，団体 3
单证	dānzhèng	document	文書，Doc(s) 22
蛋白质	dànbáizhì	protein	タンパク質 9
当即	dāngjí	at once; right away	すぐさま，直ちに 16
当之无愧	dāng zhī wú kuì	be worthy of	その名に恥じない 5
导致	dǎozhì	lead to; cause	ひき起こす，導く 28
到岸价格	dào'àn jiàgé	C·I·F	運賃保険料込み値段，C·I·F 17
得心应手	dé xīn yìng shǒu	handy; with facility	思うようにできる，よく手馴れている 5
登峰造极	dēng fēng zào jí	reach the peak of perfection	最高峰に達する 8
登陆	dēnglù	land; disembark	上陸する 1
登载	dēngzǎi	publish; carry	登載する，掲載する 8

的确良	díquèliáng	dacron	テトロン	18
抵达	dǐdá	arrive	到着する	25
抵抗力	dǐkànglì	resistance to disease	抵抗力	9
地毯	dìtǎn	carpet	じゅうたん	1
电器	diànqì	electric equipment	電器, 電気器具	2
调换	diàohuàn	exchange	取り替える, 交換する	6
订单	dìngdān	order form	注文書, 注文リスト	15
订购	dìnggòu	book an order	注文する, 発注する	20
定金	dìngjīn	earnest money	手付金	30
东道主	dōngdàozhǔ	host	主人役, ホスト	1
冬运器材	dōngyùn qìcái	winter sports equipments	ウインター・スポーツの器材	31
兜售	dōushòu	peddle; hawk	売りさばくあちこち物を売り歩く	27
逗留	dòuliú	stay	滞在する	11
独立	dúlì	independent	独立する	7
独特	dútè	unique; distinctive	独特な, ユニークな	1
短缺	duǎnquē	short of	不足する, 欠ぼうする	26
短暂	duǎnzàn	short	しばらく, 短時間	11

短重	duǎnzhòng	shortage in weight	斤量不足，重量不足	26
对等	duìděng	on an equal footing; equal to; reciprocal	対等（の）	31
对开	duìkāi	write out each other	同時開設信用状，バックトゥバック信用状	31
对流	duìliú	to be buyer and seller each other	対流（互いに輸入し，輸出する）	30
敦促	dūncù	urge; press	丁寧に促がす	7

F

发表	fābiǎo	publish	発表する	10
发货	fāhuò	dispatch	出荷する	25
发货票	fāhuòpiào	invoice	送り状，仕切状	22
发行	fāxíng	put on sale; issue	発行する	8
罚金	fájīn	fine	罰金	28
烦恼	fánnǎo	be worried	悩み悩む	7
反还盘	fǎnhuánpán	counter-counter offer	反カウンター・オファー	19
返销	fǎnxiāo	sell back	設備などを輸入し、それによって生産した製品をもって輸入代金を償還する貿	

			易方式	30
范围	fànwéi	scope; limit; range	範囲	6
方案	fāng'àn	plan; programme; scheme	方案,案	19
仿古	fǎnggǔ	in the style of ancients	古器物にまねて作る	1
仿古地毯	fǎnggǔ dìtǎn	a carpet imitating that of the ancient time	古代模様じゅうたん	7
蜚声海外	fēishēng hǎiwài	make a name abroad; become famous abroad	海外で有名になる	17
费率	fèilǜ	cost rate	費率	8
分泌	fēnmì	secrete	分泌する	16
分享	fēnxiǎng	share	分かち合う	29
粉刺一扫光	fěncì yì sǎo guāng	make a clean sweep of acne	にきびを一掃する,にきびをみな取り除く	16
奋斗	fèndòu	struggle; fight	奮闘する	7
丰富	fēngfù	plentiful	豊富な,多い	9
丰盛	fēngshèng	sumptuous; rich	たっぷりだ,盛大だ	2
丰硕	fēngshuò	rich	多大の	11
风险	fēngxiǎn	risk; hazard	危険,緊急	21
缝纫机	féngrènjī	sewing machine	ミシン	22
奉告	fènggào	inform; let sb know	ご報告申し上げる	4

奉上	fèngshàng	give or present with respect	差し上げる，呈上する 28
肤色	fūsè	colour of skin	皮膚の色 7
浮动	fúdòng	be unsteady; fluctuate	自由変動，不安定 19
附表	fùbiǎo	attached chart	付表 14
附件	fùjiàn	appendix; annex	附属文書関連文書 18
附有	fùyǒu	add	付け加える，付随する
付款	fù kuǎn	payment	支払う 29
付款交单	fùkuǎn jiāodān	documents against payment	支払書類渡し 20
付款条件	fùkuǎn tiáojiàn	payment requirement	支払条件 17
副本	fùběn	copy; counterpart	写し，副本 25
复合	fùhé	compound.	複合 7
赴约	fùyuē	keep an appointment	約束したところへ行く 4
负责	fùzé	in charge of	責任を負う 22
副作用	fùzuòyòug	by-effect	マイナス作用 7

G

该	gāi	this; that	上紀の前紀の 3
改革	gǎigé	reform	改革 11

改进	gǎijìn	improve	改善する，改良(する)	15
改良	gǎiliáng	improve, reform	改良する	31
概况	gàikuàng	survey	概況	1
概括	gàikuò	generalize; summarize	概括する	13
干脆利索	gāncuì lìsuo	straight forward and efficient	さっぱりしていててきぱきしているさま	
干扰	gānrǎo	interfere with; jam (broadcasts)	邪魔する	31
干鲜果品	gān xiān guǒ pǐn	dried and fresh fruit	乾燥果物、青果物などの総称	19
感佩	gǎnpèi	feel grateful	感激して敬服する	10
岗位	gǎngwèi	post	職場，仕事の持ち場	11
港口	gǎngkǒu	port; harbour	港	24
高尚的品德	gāoshàng de pǐndé	noble moral character	気高い品性	5
高瞻远瞩	gāo zhān yuǎn zhǔ	show great foresight	高遠な識見をもつ	5
跟单汇票	gēndān huì piào	D/D	D/D，送金小切手，要求払手形	22
跟单托收	gēndān tuō shōu	D/collection	為替手形取立	22
耕	gēng	plough; till	耕す	6
更新换代	gēng xīn huàn	renew	更新する	

	dài			30
工程师	gōngchéngshī	technician	技師	6
工艺	gōngyì	technology; craft	製造技術，手工芸	1
恭候	gōnghòu	await respectfully	お待ちする	1
功能	gōngnéng	function	効能，機能	6
功效	gōngxiào	effect	効果，ききめ	9
公道	gōngdào	fair	公平である，公正である	17
公司	gōngsī	company	会社	1
公章	gōngzhāng	official seal	（機関・団体の使用する）公印	1
公証行	gōngzhèng háng	notarization unit	公証機関	26
供不应求	gōng bù yìng qiú	supply falls short of demand	供給が需要に応じきれない	18
供销合同	gōngxiāo hé tong	supply and marketing contract	供給販売契約	17
巩固	gǒnggù	reinforce	固める	10
共享利润	gòngxiǎng lì rùn	share profit	利潤を共に分かつ	29
共担风险	gòngdān fēng xiǎn	share risk	運命をともにし，災いあらばともにあたる	29
购货确认书	gòuhuò quèrèn shū	order note; purchase confirmation; purchase	買付書	19

购买	gòumǎi	purchase; buy	購買，買いとる	6
购买欲	gòumǎiyù	purchasing desire	購入欲	7
关照	guānzhào	look after; keep an eye on	世話をする，	3
关注	guānzhù	show solicitude for; follow with interest	配慮する関心を寄せる	25
管理	guǎnlǐ	manage; run	管理	9
管理机制	guǎnlǐ jīzhì	management system	管理機構，管理組織	29
惯例	guànlì	convention	慣例	2
罐头	guàntou	can; tin	缶詰め	16
光滑	guānghuá	smooth	滑らでっやがある	7
光辉灿烂	guānghuī cànlàn	shining; radiant; brilliant	光りさんぜんと輝く	11
光临	guānglín	presence (of a guest, etc.)	おいでになる	1
光润	guāngrùn	smooth	つやつやしているつややかだ	9
广泛	guǎngfàn	extensive; wide-ranging	広い広範な	22
广告	guǎnggào	advertisement	広告	7
规定	guīdìng	fix; set; provide	規定	24
规格	guīgé	standards; norms	規格，スタンダード	1
规划	guīhuà	programme	企画（する）	29
归类	guīlèi	sort out; classify	まとめる，分類	

			する	13
贵国	guìguó	your country	貴国	1
锅炉	guōlú	boiler	ボイラー	7
果断利索	guǒduàn lìsuo	straight forward and efficient	きっぱりしててきびきびしている	2
过敏试验	guòmin shìyàn	allergy test	アレルギー実験	9
过剩	guòshèng	excess	過剰	19
过头	guòtóu	overdo	行きすぎる,度を越す	

H

海外贸易有限公司	hǎiwài màoyì yǒuxiàn gōngsī	overseas Trade Corporation	海外貿易有限会社	11
海鲜	hǎixiān	delicacies from the sea	新鮮な(生の)海の魚貝類	19
函促	háncù	urge by letter	手紙で促す	24
函订	hándìng	order by mail	手紙で注文する	1
函告	hángào	inform by letter	手紙で知らせる	7
函询	hánxún	inquire by mail	(手紙で)照会する	14
函悉	hánxī	know by mail	手紙から分かる	15
含糊其辞	hánhu qí cí	talk ambiguously	言葉をにごす,言葉をあいまいにする	14
含混	hánhùn	indistinct	はっきりしない,あいまいだ	18

含水率	hánshuǐlǜ	percentage of water content	含水率 18
含小率	hánxiǎolǜ	less than the rate	含小率（決まった規格より小さなパーセント）18
行情	hángqíng	quotations on the market	市況，相場 19
毫无疑问	háo wú yíwèn	out of question	少しの疑いもなく．全く疑いない 14
好评	hǎopíng	favourable comment	いい評判，好評 19
耗电量	hàodiànliàng	amount of power consumption	電気消費量 7
好奇心	hàoqíxīn	curiosity	好奇心 7
合理	hélǐ	reasonable	合理的である 17
合同	hétong	contract	契約，契約書 4
合资企业	hézī qǐyè	joint ventures	合資企業 3
合作者	hézuòzhě	collaborator	協力者 2
红茶	hóngchá	black tea	紅茶 19
猴头菌	hóutóujūn	bedgehog hydnum fungus	ヤマブシタケの菌 18
后盾	hòudùn	backing; back-up force	後だて，後援 5
后果	gòuguǒ	consequence	結果（多くは悪い結果について言う）24
互补	hùbǔ	make up each	互いに補う

		other	を購入する	31
互购	hùgòu	counterpurchase; parallel deals	互いに互いの物	30
互利互惠	hùlì hùhuì	mutaully beneficial	互いに利し，互いに助ける	5
互谅互惠	hùliàng hùhuì	mutually tolerate and help	互いに理解し，相互に利益や恩典を享受する	31
互通有无	hùtōng yǒuwú	mutual help to make up what the other lacks	互いに足りないものを融通しあう	31
护照	hùzhào	passport	パスポート，旅券	2
滑润	huárùn	smooth	滑らかで潤いがある	9
滑雪板	huáxuěbǎn	skis	スキー板	31
滑雪杖	huáxuězhàng	skiing sticks	ストック	31
化工	huàgōng	chemical industry	化学工業	6
化妆品	huàzhuāngpin	cosmetics	化粧品	7
怀疑	huáiyí	doubt; suspect	疑う	24
欢聚一堂	huānjù yī táng	happily gather under the same roof	一堂に楽しく会する	10
欢腾	huānténg	great rejoicing	狂喜する，喜びにわきかえる	7
欢迎	huānyíng	welcome	歓迎する	10
还盘	huánpán	counter offer	カウンター・オファー	19

284

环绕	huánrǎo	surround, encircle	取り囲む，めぐる	8
缓和	huǎnhé	mitigate; relax	緩和する	24
患	huàn	contract; suffer from.	患う	7
恢复	huīfù	recover; return	回復する	7
回购	huígòu	buy back;	自分が提供した設備で生産した製品を購入する	30
回顾	huígù	look back	顧みる，回顧する	10
回扣	huíkòu	rebate; sales commission	割り戻し，リベート	27
毁约	huǐyuē	break one's promise	契約を破る	26
汇付	huìfù	payment of bill	送金為替	21
汇款	huìkuǎn	remittance	送金する，送金為替をくむ	7
会签	huìqiān	sign	立ち会い署名する	27
惠请	huìqǐng	please.	ご光臨下さる	8
混合型	hùnhéxíng	mixed type	混合タイプ	30
活力	huólì	vigour	活力，活気	10
获悉	huòxī	learn (of an event)	情報る得をた	4
货款	huòkuǎn	payments for goods	商品代金	14
货物运输险	huòwù yùn	cargo transporta-	貨物運送保険	

	shūxiān	tion insurance		21
货源	huòyuán	source of goods	物資の供給源，商品の仕入れ先	17
货运单据	huòyùn dānjù	shipping receipt	運送書類	22
货真价实	huò zhēn jià shí	the goods are excellent and the prices are cheap	品質が信用できて価格が安い，うそ偽りがない，正直正銘だ	31

J

激烈	jīliè	intense; sharp; acute	激しい	19
机构	jīgòu	organization; setup	機構、機関、組織	27
机会	jīhuì	chance; opportunity	機会，チャンス	2
机理	jīlǐ	principle	メカニズム	10
机密	jīmì	secret; confidential	機密	14
机器装配	jīqì zhuāngpèi	install machinery	機械を組み立てる	30
机械	jīxiè	machine	機械	6
积极	jījí	active	積極的である	16
积压	jīyā	lying idle	放置しておく	26
即复	jífù	reply immediately	すぐ返事を出す	24

即期	jíqī	at sight; immediate	即時，スポット 22
即期信用证	jíqī xìnyòng zhèng	sight letter of credit	ユーザンス・クレジット 28
即期循环信用证	jíqī xúnhuán xìnyòngzhèng	sight circle letter of credit	一覧信用状，サイト・クレジット 30
集装箱	jízhuāngxiāng	container	コンテナー 18
给予	jǐyǔ	give	与える 2
寄奉	jìfèng	send by mail	お送りする，郵送いたす 15
寄送	jìsòng	transport	送る 17
继任人	jìrènrén	a person who succeeds sb. in a post	引き継ぎの人，後継者 11
技术人才	jìshù réncái	technician	技術者 12
技术设备	jìshù shèbèi	technical equipment	技術設備 1
技艺	jìyì	skill; artistry	技巧，技芸，テクニック 6
记帐冲销	jìzhàng chōngxiāo	open account cancel out each other	記帳をして貸借を相殺する 31
记帐交易	jìzhàng jiāoyì	payment on open account	オープン・アカウント 22
佳节	jiājié	festival; happy festival time	祝日，めでたい日 4
加固	jiāgù	reinforce; con-	補強する

		solidate		20
加盖	jiāgài	affix	捺印する	1
价格	jiàgé	price	価格	7
价格表	jiàgébiǎo	price chart	価格表	18
坚持	jiānchí	persist in; stick to	堅持する	19
减震	jiǎnzhèn	shock absorption; damping	ショック吸収, 減衰	18
间隔	jiàngé	space between two things	隔てる	18
间接	jiànjiē	indirectly	間接	7
鉴定	jiàndìng	identify	鑑定する, 評定する	7
鉴赏	jiànshǎng	appreciate	鑑賞する	19
见谅	jiànliàng	forgive me	お許しいただく	4
交货付现	jiāohuò fùxiàn	cash with the delivery	P.O.D.	22
交流	jiāoliú	exchange; interchange; interflow	交流する	1
交谈	jiāotán	talk	話し合う	1
交易	jiāoyì	business; trade; transaction	取り引き（する）	1
交易额	jiāoyì'é	volume of trade	交易額	14
缴纳	jiǎonà	hand in; pay	納める	28
矫正器	jiǎozhèngqì	a machine for correcting sth	きょうせいする電子器具	7
接待	jiēdài	reception	接待する, 応接する	10

288

接受	jiēshòu	accept	受け取る，認める	19
截标	jiébiāo	end; close	締め切り日	28
竭诚	jiéchéng	wholeheartedly	心から誠意を尽す	10
结构	jiégòu	constructure	構造	9
结算	jiésuàn	settle accounts	決算する	14
结尾	jiéwěi	the end	結末，終り	3
结账	jiézhàng	clear account	決算する	27
结账单	jiézhàngdān	bill of settled accounts	決算書	21
杰作	jiézuò	masterpiece	優れた作品	8
解除	jiěchú	remove; relieve; get rid of	取り除く	7
解毒	jiědú	detoxify; detoxicate	解毒する	16
解释	jiěshì	explain	説明する，釈明する	7
解暑	jiěshǔ	allay a fever	暑気を払う	16
介绍	jièshào	introduce	紹介する	11
届时	jièshí	on the occasion; when the time comes	その時になる，その時	1
金额	jīn'é	amount (sum) of money	金額	20
仅	jǐn	only	ただ	14
谨	jǐn	sincerely; solemnly	慎んで	3

谨致	jǐnzhì	sincere	慎んで	4
进程	jìnchéng	course; process; progress	過程，コース	10
进口地分行	jìnkǒudì fēnháng	bank of the importing place	輸入地の売り手の銀行の支店	22
尽善尽美	jìn shàn jìnměi	perfect	善美を尽くす	6
晋升	jìnshēng	promote to a higher office	昇進する	
浸湿	jìnshī	soak steep	湿る	9
禁忌	jìnjì	wording	言葉使い	12
精纺花呢	jīngfǎng huāní	high quality woollen cloth	精紡の模様のづ紡い精たヤシラ	27
精炼	jīngliàn	refine; purify	精錬する，精製する	27
精良	jīngliáng	excellent; of the best quality	精良だ，優秀だ	6
精美	jīngměi	elegant	精美だ，精巧で美しい 美しい	18
精神振奋	jīngshén zhènfèn	full of vigour; energetic	精神の活気に満ちている	5
精通	jīngtōng	have a good command of; master	精通する	6
精细	jīngxì	fine; careful; meticulous	精密である	1
精心	jīngxīn	meticulously	丹念だ，綿密だ	12
精益求精	jīng yì qiú jīng	keep improving	立派な上に一層	

			立派にする研究の上に研究を積む	7
精湛	jīngzhàn	consummate; exquisite	詳しくて深い	8
经济损失	jīngjì sǔnshī	economic loss	経済損失	7
经久耐用	jīngjiǔ nàiyòng	durable	長持ちする	6
经久不衰	jīngjiǔ bù shuāi	keep on energetic prolonged	衰えないで長持ちする	31
经销	jīngxiāo	distribute; deal in	取り次ぎ販売をする	6
经销商	jīngxiāoshāng	a person who engages in trade	取り次ぎ販売会社	19
经营	jīngyíng	manage; run engage in	経営する	22
经营作风	jīngyíngzuòfēng	way of business	経営の態度	10
竞争	jìngzhēng	compete	競争する	19
竞争性	jìngzhēngxìng	competitiveness	競争性	27
净值	jìngzhí	net worth; net value	正味現価, 正味資産	27
净重	jìngzhòng	net weight	純重量, 正味重量	18
敬	jìng	respectful	恭敬	12
敬悉	jìngxī	learn of (an event, etc.)	謹んで見いたしました。	8
久别重逢	jiǔbié chóngféng	reunion after a a long time	永い間別れていて久久に再会する	10

局部	júbù	part	一部分，局部	6
局面	júmiàn	aspect; phase; situation	局面，情勢、構え	14
具备	jùbèi	possess; have;	備える，持つ	6
具有	jùyǒu	possess; have	備える，持つ	1
拒绝	jùjué	refuse	断る拒絶する	23
拒开	jùkāi	refuse to make out an invoice	……を書くことを拒絶する	26
拒收	jùshōu	refuse to accept	受入れを拒絶する	20
据悉	jùxī	it is said	聞くとろにより ば	25
聚脂纤维	jùzhǐ xiānwéi	polyestec fibre	ダクロン	18
绝对	juéduì	absolutely	絶対	7
均	jūn	equal; even; all	すっかり，全部	20
俊美	jùnměi	pretty	美しい	7

K

开标	kāibiāo	open sealed tender	開札する	28
开放	kāifàng	be open	開放する	11
开具	kāijù	write out	作成する	21
开辟	kāipì	open up; start	開く，開設する，開拓する	8
开拓	kāituò	open up	開拓する，切り開く	10
开业	kāiyè	start business	開業する，営業	

			を始める	5
开展	kāizhǎn	develop; launch	繰り広げる	2
刊登	kāndēng	publish in a newspaper or magazine	載せる，載る	
刊物	kānwù	publication	出版物，刊行物	8
考究	kǎojiū	exquisite; fine; fastidious	講究	16
考虑	kǎolǜ	consider	考える，考慮する	19
可望	kěwàng	be expected	望みが持てる，有望である	21
可行	kěxíng	feasible	適当だ，割合よい	15
客户	kèhù	client; customer; correspondent	お得意，取引先	1
刻意求新	kèyì qiú xīn	sedulously strive for new things	極力新しい物良い物を求める	8
口吃	kǒuchī	stummer	どもり．どもる	7
口服心服	kǒufú xīnfú	be sincerely convinced	心底から敬服する	7
口授	kǒushòu	dictate; oral instruction	口授する	16
口味	kǒuwèi	the flavour or taste of food	味	16
库存有限	kùcún yǒu xiàn	goods kept in stock are limited	在庫品に限りがあるしかない	16
夸耀	kuāyào	brag about	顕示する，ひけ	

			らかす	16
快事	kuàishì	delight; a happening that gives great satisfaction	愉快なこと	4
快速	kuàisù	fast; quick;	高速度	7
宽宏大度	kuānhóng dà dù	large-minded	度量が大きい	23
宽阔胸怀	kuānkuò xiōng huái	large-minded	心が広い	5
款待	kuǎndài	entertain	ていねいに持てなす	2
款式	kuǎnshì	style	様式，デザイン	1

L

来函	láihán	incoming letter	来信	1
来源	láiyuán	source; origin;	出所，……から出ている	17
浪花	lànghuā	spray; spindrift	しぶき	7
雷厉风行	léi lì fēng xíng	vigorously and resolutely	疾風迅雷	19
犁	lí	plough	すき，	6
离岸价格	lí'àn jiàgé	F.O.B (free on board)	波輪出港本船積込渡値段	25
理解	lǐjiě	understand	理解する	13
理赔	lǐpéi	payment of claim	損害支払い	26

理想	lǐxiǎng	ideal	理想	9
理由	lǐyóu	reason	理由，わけ	6
力不从心	lì bù cóng xīn	ability not equal to one's ambition	意余って力足らず	23
力求	lìqiú	make every effort to	できるだけする……ようにする	9
莅临	lìlín	arrive; be present	光臨する，臨席する	1
利息	lìxī	interest	利息	30
连续	liánxù	continue	続く，連続する	7
连夜	liányè	the same night; that very night	その夜すぐに，数夜つづいて	6
疗效显著	liáoxiào xiǎnzhù	have a good curative effect	治療効果がすばらしい	11
了不起	liǎobuqǐ	amazing	大したものだ	
列明	lièmíng	list clearly	はっきりと列記する	28
临别	línbié	just before parting	別れに際して	12
临床验证	lín chuáng yànzhèng	verify through clinical test	臨床験証	7
临近	línjìn	close to ;close on	近づく	24
淋浴器	línyùqì	shower machine	シャワー器具	7
磷质	línzhì	of phosphorus	リン脂質	9
吝	lìn	stingy; mean closefisted	やぶさかだ，けちである	3
灵便	língbiàn	nimble; handy	ちょうほうであ	

295

			る	6
灵活性	línghuóxìng	flexibility; mobility	柔軟性，融通性	24
零件	língjiàn	spares; spare parts	部品	6
领略	lǐnglüè	realize; have a taste of; appreciate	味わう，理解する	12
领域	lǐngyù	dormain; sphere; field	領域，分野，領分	27
令人	lìngrén	make; cause	……させる	10
令人满意	lìng rén mǎnyì	quite satisfactory	満足させる	19
留恋	liúliàn	can't bear to part (with sth or from sb.);	名残りを惜しむ	12
流转	liúzhuǎn	circulation	転々とする，流転する	13
流行	liúxíng	popular	流行（する）	1
录用	lùyòng	employ	採用する	6
履催不付	lǚ cuī bú fù	no payment though being urged many times	何度催促しても払わない	23
履行	lǚxíng	performance	履行する	22
履约	lǚyuē	keep one's promise	契約を履行する	29
旅居	lǚjū	reside abroad; sojourn	他郷に滞在する	1
罗嗦	luōsuo	wordy; trouble-	くどい，くどく	

		some	どしい	6
逻辑性	luójíxìng	of logic	論理性	13
落实	luòshí	carry out; fulfil; implement	着実にする，実行する	18

M

麦乳精	màirǔjīng	extract of malt and milk	麦芽乳濃縮液	9
满足	mǎnzú	satisfy	満足する，満たす	3
冒昧	màomèi	venture; make bold	愚まいを顧みず軽率	27
美容	měiróng	cosmetic	美容	7
蒙受	méngshòu	suffer; sustain	受ける，こうむる	14
弥补	míbǔ	make up; remedy	欠けているところや損失などを補う	26
迷人	mírén	fascinate	人を迷わせる，人を陶酔する	7
密封	mìfēng	seal airtight; seal bermetically	密封さもる	18
秘密	mìmì	secret	秘密	14
密切	mìqiè	intimate; intently	親密である	2
免费试用	miǎnfèi shìyòng	probation free of charge	無料で試用する	16

面容	miànróng	facial features	容貌，顔かたち	7
明朗	mínglǎng	clear	はっきり（する）	13
明确	míngquè	explicit	はっきりしてい，明確だ	6
明显	míngxiǎn	obvious	るはっきりしている，明らかである	19
名称	míngchēng	name	名称	9
名胜古迹	míngshèng gǔjì	scenic spots and historical sites	名所古跡	2
名义	míngyì	on behalf of	名義	11
铭记	míngjì	engrave on one's mind; always remember	銘記する	4
命题	mìngtí	assign a topic	命題，出題する	7
模棱两可	móléng liǎng kě	equivocal; ambiguous	どっちつかず	13
模压	móyā	mould pressing	型打、ち型プレス	18
某	mǒu	certain	ある、某	3
木材	mùcái	timber	木材	31
目录	mùlù	catalogue; list; contents	目録	17

N

| 难处 | nánchù | difficulty; trouble | 困難，難点 | 23 |

难以	nányǐ	difficult to	（……するのが）難しい 3
呢绒	níróng	wool fabric; woolen goods	毛織物の総称 29
拟	nǐ	plan to	…しようとする；するつもりだ 28
拟定	nǐdìng	plan; intend	推定する制定する，る 27
年华	niánhuá	time; years	光陰，歳月 7

P

泡沫	pàomò	foam; froth	あわ，泡沫 9
赔偿	péicháng	indemnification	弁償する，賠償する 4
陪同	péitóng	accompany	お供する，案内する 1
培养	péiyǎng	train	養成する，育成する 11
配方	pèifāng	directions for producing chemicals or metallurgical products	調合法 9
配合	pèihé	coordinate	調和する，協力する 10
配制	pèizhì	make up	配合して作る 9

299

喷头	pēntóu	shower nozzle	シャワーの噴射口，ノズル	7
蓬松	péngsōng	puffy	ふくれてふわふわしている	9
蓬松棉	péngsōngmián	puffy chemical fibre	化学繊維の一種	31
批准	pīzhǔn	ratify; approve	批准する	6
批发	pīfā	wholesale	大口販売する，卸し売りする	19
批发商	pīfāshāng	wholesale businessman	卸し売り問屋	14
批量生产	pīliàng shēngchǎn	batch process	大量生産する	16
皮脂腺	pízhīxiàn	sebaceous glands	皮下脂肪腺	16
篇幅	piānfu	length (of a piece of writing), space (on a printed page)	文章の長さ，紙面	3
品味	pǐnwèi	taste; savour	味わう，味を見る	16
品质	pǐnzhì	quality	品質	17
平安险	píng'ānxiǎn	F.P.A	分損不担保の海上保険，FPA	21
平等互利	píngděng hùlì	equality and mutual benefit	平等互恵	10
平衡	pínghéng	balance	つり合う，均衡がとれている	31
评价	píngjià	appraise; evalua-	評価する	

		te		18
颇	pō	rather	なかなか，すこぶる，たいへん	15
破产	pòchǎn	go bankrupt.	破産する	23
破碎险	pòsuìxiǎn	risk of breakage broken; chipping	破損保険	21
葡萄糖	pútaotang	glucose	葡萄糖	9

Q

期待	qīdài	expect	期待する	26
期前	qīqián	before the scheduled time	期日前，期限前	24
歧义	qíyì	different meanings; various interpretation	いくとおりにも解釈できる字義（語義）	13
启程	qǐchéng	start a journey	出発する	11
起航	qǐháng	set sail	出航する	4
启航	qǐháng	set sail	船を出す，出帆する	21
气氛	qìfēn	atmosphere	ふんい気，気分	2
迄今	qìjīn	so far	これまで	23
洽成	qiàchéng	come to an agreement	協議して契約を結ぶ	27
洽谈	qiàtán	talk over; discuss	商談する，相談する	1
恰好	qiàhǎo	just right	ちょうど	24
谦	qiān	modest.	謙虚である	12

301

謙虚	qiānxū	modest	謙虚である	6
签订	qiāndìng	hold talks	調印する，締結する	12
签署	qiānshǔ	conclude and signe (a treaty; etc.)	重要書類に署名すること	12
签退	qiāntuì	sign to cancel an order	署名捺印してから返す	19
签约	qiānyuē	signatory	調印する	26
前程	qiánchéng	future	前途	11
前景	qiánjǐng	prospect	見通し，見込み	27
前提	qiántí	prerequisite	前提	22
前往	qiánwǎng	go to; leave for	おもむく，出向く，行く	4
前夕	qiánxī	eve	前夜	11
欠账	qiànzhàng	bills due	借金する	14
强力	qiánglì	powerful	強い，強力	7
强硬	qiángyìng	strong; tough	強硬だ，手ごわい	23
抢	qiǎng	vie for	先を争う	19
抢手货	qiǎngshǒuhuò	best-selling goods	人気商品	18
			子	18
乔其纱	qiáoqíshā	georgett	ジョーゼット	20
巧妙	qiǎomiào	ingenious	巧みだ，上手だ	7
切磋	qiēcuō	consult; exchange views	みがきあい研究しあう	6
切实可行	qièshí kěxíng	feasible	適切で実行に移し得る	19
钦佩	qīnpèi	admire	敬服する，感服

			する	19
禽	qín	fowls	家禽	31
青春	qīngchūn	youth	青春	7
青睐	qīnglài	good graces	好意を示す目つき	29
青山长在，绿水长流	qīng shān cháng zài, lǜ shuǐ cháng liú	a metaphor; that youth is always keeping just like a mountain and a river is always moving	（比喩的なこと ば）友誼は永久に存在するの意	11
清偿	qīngcháng	settle up	全額返済する，すっかり返す	30
清单	qīngdān	detailed list	明細書，目録	27
清热	qīngrè	antipyretic	解熱する	16
清新	qīngxīn	pure and fresh	さわやかで新鮮だ	7
轻工业品	qīnggōngyèpǐn	light industy product	軽工業品	17
晴伦棉	qínglúnmián	orlon cotton	化学繊維の一種	31
情报	qíngbào	information; intelligence	情報，インフォメーション	1
祛除	qūchú	dispel	駆除する，払いのける	7
祛风	qūfēng	to expulse the wind	リューマチを治す	16
趋势	qūshì	tendency; trend	成り行き，すう	

			勢	18
取消	qǔxiāo	cancel; call off; abolish	取り消す，廃止する	20
去屑	qù xiè	dispel bits	ふけをとりのぞく	9
权利	quánlì	right	権利	20
全额	quán'é	all of the amount of money	全額	31
全权代表	quánquándàibiǎo	plenipotentiary	全権代表	27
全然	quánrán	completely; entirely	すっかり，全然	24
雀斑露	quèbānlù	freckle powder	そばかすを取り除くクリーム	7
确保	quèbǎo	ensure; guarantee	確かに保証する	24
确认	quèrèn	affirm	確認する，確かめる	20
确是	quèshì	really; indeed	確かだ	27

R

让价	ràngjià	give in in price	値引きする	19
热烈	rèliè	warmly	熱烈だ	10
热门儿	rèménr	popular	熱門	16
热情	rèqíng	warmth	熱意，熱情	10
任命	rènmìng	appoint	任命する	3
人士	rénshì	personage	人士	3
日程	rìchéng	programme;	スケジュール，	

		schedule	日程	10
日益	rìyì	day by day	日増しに	12
融洽	róngqià	harmonious	融合する	11
荣誉	róngyù	honour; glory; credit	栄誉	5
柔顺	róushùn	meek	柔順だ	9
肉质	ròuzhì	quality of meat	肉の質	31
如期	rúqī	by the scheduled time	期日どおり	4
如诗如画	rú shī rú huà	like poetry and painting	詩のように画のように	7
如约	rúyuē	according to the treaty	約束どおりに	24
入迷	rùmí	be enchanted	夢中になる	8

S

色素	sèsù	pigment	色素	19
山珍	shānzhēn	delicacies from land	山の珍味	19
擅自	shànzì	do sth without authorization	かってに，ほしいままに	26
商品目录	shāngpǐn mùlù	contents of goods	商品目録	18
商榷	shāngquè	discuss; deliberate	商業為替手形検討する	4
商业汇票	shāngyè huìpiào	trade bill	商業為替手形	22
稍加	shāojiā	a bit; slightly	ちょっと	9

赊账	shēzhàng	give or get credit	掛けで売り買いすること	27
设备	shèbèi	equipment	設備	30
设计	shèjì	design; plan	設計する	1
社交	shèjiāo	social intercourse; social contact	社交	4
社会效应	shèhuì xiàoyìng	social effect	会での反応,社会的な効果	5
设想	shèxiǎng	assume; tentative idea	想像する,仮想する,考慮する	8
深度加工	shēndù jiāgōng	most advanced techniques	深度加工	30
深解	shēnjiě	understand deeply	深い理解する	4
深刻	shēnkè	deep	深く	11
深信	shēnxìn	firmly believe; be deeply convinced	深く信じる	20
申明	shēnmíng	declare	表明する,説明する	26
申述	shēnshù	state	説明する,申し述べる	26
神奇	shénqí	magical	奇妙だ,非常に不思議である	2
慎重	shènzhòng	cautious	慎重だ	6
升高	shēnggāo	go up	高く登る,高く上がる	7
生效	shēngxiào	become opera-	効力が発生する	

		tive; come into force		19
生意兴隆通四海	shēngyì xīng lóng tōng sì hǎi	Business is booming	商売が隆盛することのたとえ	5
胜任	shèngrèn	qualified	任にたえる，仕事や職務に当る能力がある	13
盛产	shèngchǎn	be rich in	豊富に産出する	31
盛誉	shèngyù	great fame; high reputation	盛名	14
失当	shīdàng	unfitting;	妥当を欠くではない	13
失而复得	shī'ér fù dé	(of things) lost and then find again	一度なくしたがあとから本人の手にもどってきた	7
施展	shīzhǎn	put to good use;	発揮する，ふるう	5
实不相瞒	shí bù xiāng mán	to tell the truth	本当に偽りは申しません	7
实地表演	shídì biǎoyǎn	the-spot performance	その場で実演する	16
实盘	shípán	binding offer	ファーム・オファ	18
实事求是	shí shì qiú shì	seek truth from facts	実際に即して妥当な方法を見出す	6
实现	shíxiàn	realize	実現する	3

实行	shíxíng	carry out	実行する，行う	11
食用菌	shíyòngjūn	edible bacterium	キノコ類	17
石英钟	shíyīngzhōng	quartz o'clock	水晶時計	7
时尚	shíshàng	fashion; fad	当世風	16
时代感	shídàigǎn	the trend of the times	現代感	1
时装	shízhuāng	fashionable dress	流行の服装	1
试车	shìchē	test run	試運転する	10
事先	shìxiān	in advance; beforehead; prior	前もって，あらかじめ	3
适销	shìxiāo	market ability	販路が広い，売れ行きが早い	27
事宜	shìyì	matters concerned; arrangements	事務，仕事，事項	1
事由	shìyóu	reason	事由，事のいきさつ	4
收割	shōugē	harvest; gather in	刈り入れる，刈り取る	6
收集	shōují	collect	集める，取り集める	19
收讫通知	shōuqì tōngzhī	notice of payment received	領収済みの知らせ	22
收悉	shōuxī	receive and know	受け取る，拝見いたす	1
收支	shōuzhī	income and expenses	収支	14
手段	shǒuduàn	means; trick	手段，手だて	
手续	shǒuxù	formalities; pro-	手続き	

		cedures		20
受托	shòutuō	be commissioned	委託をうける，頼まれる	28
受益人	shòuyìrén	beneficiary	利益を受ける人	18
疏忽	shūhū	carelessness; negligence	おろそかにする，うっかりする	24
舒适	shūshì	comfort	心地がよい	10
疏通	shūtōng	dredge	流れをよくする，疏通する	16
熟悉	shúxi	familiar	熟知する，よく知っている	3
恕	shù	excuse me; beg your pardon	ゆるしを請う	4
双结汇	shuāng jiéhuì	exporter and importer settle balance by themselves	輸出と輸入は別々に為替を決済する	31
双绉	shuāngzhòu	erepe de chine	クレープ・デシン	20
水平	shuǐpíng	level	レベル	11
水渍险	shuǐzìxiǎn	water damage insurance	水につかった貨物に対しての保険	20
瞬间	shùnjiān	in the twinkling of an eye	瞬間	7
丝绸	sīchóu	silk	絹、シルク	20
速记	sùjì	shorthand; stenography	速記する	16

素来	sùlái	always	以前から，もともと 19
塑料泡沫	sùliào pàomò	foamed plastics	海綿状プラスチックプラスチックフォーム 18
素享盛名	sù xiǎng shèng míng	be held in reputation usually	以前から有名だ 31
随订单付现	suí dìngdān fùxiàn	cash with the order	注文書と同時に現金払い 22
损失	sǔnshī	loss	損失 23
索款	suǒkuǎn	extort indemnities	代金を催促する 23
索赔	suǒpéi	claim; lodge a claim;	損害賠償請求 24

T

太空棉	tàikōngmián	kind of chemical fibre	化学繊維の一種 31
坦率	tǎnshuài	frankly	正直だ，率直だ 14
汤匙	tāngchí	spoon	スープ・スープン 19
逃避	táobì	escape; evade; shirk	逃避する，逃れる 23
陶瓷器	táocíqì	pottery and porcelain	陶磁器 21
陶醉	táozuì	be intoxicated; revel in	陶酔する，うっとりする 8

特长	tècháng	speciality; strong point	特長	7
特点	tèdiǎn	characteristic	特色	9
特殊	tèshū	special	特別である	3
特效	tèxiào	specially good effect	特効	7
提单	tídān	bill of lading	ビーエル，B/L，貨物引き替え証	20
提高	tígāo	improve	高める	11
提供	tígōng	provide	提供する	2
提货	tíhuò	pick up goods	貨物の引取り	25
提货单	tíhuòdān	delivery order	D/O，貨物引渡指図書	52
提取	tíqǔ	take delivery of; take out	精錬して取り出す	16
提醒	tíxǐng	remind	注意する	14
体谅	tǐliàng	make allowance for	諒察する，理解する	23
天马行空	tiān mǎ xíng kōng	a powerful and unconstrainal style	自由奔放であるさま	5
天真	tiānzhēn	innocent	無邪気だ，あどけない	7
填具	tiánjù	fill	空欄に書き込む，フォームに記入する	28
挑选	tiāoxuǎn	choose	選ぶ，選択する	18

条件	tiáojiàn	condition	条件	17
条款	tiáokuǎn	clause	条項、条款	15
通常	tōngcháng	usually	通常、いつも	21
通情达理	tōng qíng dá lǐ	showing good sense	人情道理をわきまえている	10
通俗	tōngsú	common; popular	分かりやすい	9
通晓	tōngxiǎo	be proficient in	通暁する、通じる	6
同行	tóngháng	of the same trade or occupation	同業、同じ畑だ	4
同仁	tóngrén	colleagues	同人	10
童话	tónghuà	fairy tales	童話	7
投保	tóubǎo	effect insurance	保険に加入する、保険をつける	21
投标	tóubiāo	enter a bid	入札	28
投递	tóudì	deliver	配達する、届ける	16
投放	tóufàng	put goods on the market	売り出す	9
图表	túbiǎo	diagram	図表	9
图解	tújiě	diagram	図解、イラスト	15
土产	tǔchǎn	local product	おみやげ、土産	22
团聚	tuánjù	reunion	だんらんする	11
推广	tuīguǎng	spread; extand; popularize	推し広める	1

推进	tuījìn	push forward; promote	推し進める	10
推销	tuīxiāo	promote sales; market; peddle	販路を広める，売りさばく	16
脱梗	tuōgěng	take off the stalk	基を取り除く	29
脱落	tuōluò	come off	落ちる，抜ける	7
脱脂	tuōzhī	de-fat; degrease	脱脂する	29
托收	tuōshōu	collection	代金取立	22
妥	tuǒ	get sth. done	すべてを整える	20
妥善	tuǒshàn	proper; appropriate	適切である，妥当である	22

W

外汇牌价	wàihuì páijià	a par of exchange	外国為替相場	31
外事	wàishì	foreign affairs	外交事務	10
完好无损	wánhǎo wú sǔn	intact without any damage	少しも傷かない	22
惋惜	wǎnxī	sympathize with; feel sorry for	惜しむ，残念に思う	4
婉转	wǎnzhuǎn	mild and indirect	婉曲である	26
万古长青	wànggǔ cháng qīng	be everlasting	永遠に若々しい，永久に栄える	10
维护	wéihù	defend	守る，保つ	23
维生素	wéishēngsù	vitamin	ビタミン	9
违背	wéibèi	violate; go aga-	背く	

313

		inst		22
违约	wéiyuē	break one's promise; violate a treaty	違約する	24
委派	wěipài	appoint; delegate; designate	任務を委ねで派遣する	15
委托	wěituō	entrust; trust	頼む	5
未	wèi	not	…しない	24
闻名于世	wénmíng yú shì	be famous throughout the world	世にその名を知られている	16
稳步	wěnbù	steadily	着実に，確かな足取り	18
稳定	wěndìng	steady	変動がない，安定させる	29
稳健求实	wěnjiàn qiúshí	firm and realistic	稳健で現実の事態を重んずる	5
稳妥	wěntuǒ	safe; reliable	穏当だ，妥当だ	14
问世	wènshì	published; come out	世に問う，出版する	30
无微不至	wú wēi búzhì	meticulously	すべての点に行き届ている	2
无暇	wúxiá	have no time	時間がない，ひまがない	7
无疑	wúyí	undoubtedly	疑いない，……にちがいない	24
误会	wùhuì	misunderstand	誤解	16
物美价廉	wù měi jià lián	the product is	品物ももよくて	

		good and the price is cheap	値段も安い 6
物色	wùsè	look for	物色する 14

X

惜别	xībié	be reluctant to part	別れを惜しむ 11
吸引力	xīyǐnlì	appealing	吸引力，引きつける力 15
喜闻	xǐ wén	love to hear	喜んで聞く 5
细腻	xìnì	fine and smooth	きめが細かい 7
下跌	xiàdiē	drop	下がる，下落する 19
下属	xiàshǔ	subordinate	下役，部下 6
先锋	xiānfēng	pioneer	先鋒，前衛 8
先进	xiānjìn	advanced	進んでいる，先進的な 11
先进技术	xiānjìn jìshù	advanced techniques	先進技術 7
先驱	xiānqū	pioneer	先駆，さきがけ 24
险别	xiǎnbié	term of insurance	保険種目 21
现货供应	xiànhuò gōngyìng	spots supply	現物を提供する 7
现行	xiànxín	currently in effect	現行の 15
香波	xiāngbō	shampoo	シャンプー 9
相应	xiāngyìng	corresponding;	相応する，見合

		relevant	う 24
相助	xiāngzhù	help each other	互いに協力する 10
享有	xiǎngyǒu	enjoy (rights)	受けている，博
			している 27
消费者	xiāofèizhě	consumer	消費者 29
销路	xiāolù	sale; market	売れ行き，販路 8
销售	xiāoshòu	sale market	販売する，売る 3
销售高峰	xiāoshòu gāofēng	peak of selling	販売のピーク 19
销售渠道	xiāoshòu qúdào	sales channel	販路，売れ行き 30
销售确认书	xiāoshòu quèrènshū	sale confirmation	売約確認書 19
销售旺季	xiāoshòu wàngjì	busy season of selling	販売の出盛り期 26
小巧	xiǎoqiǎo	small and exquisite	小さくて精巧だ 6
协议	xiéyì	agreement	協議する 2
协作	xiézuò	cooperation	協力する 11
协作伙伴	xiézuò huǒbàn	cooperation partner	協力仲間 5 6
卸货	xiè huò	unload	積み荷を下ろす 4
谢绝	xièjué	refuse; decline	謝絶する，断わる 27
辛勤	xīnqín	hardworkin	勤勉に 11
欣然	xīnrán	with pleasure	喜んで 14
欣赏	xīnshǎng	appreciate	観賞する，すき

			だ	2
欣慰	xīnwèi	be gratified	喜び安心する	11
欣喜	xīnxǐ	glad; joyful	喜ぶ	19
心态	xīntài	state of mind	心の状態	6
新型	xīnxíng	new type; new pattern	新タイプ	7
新颖	xīnyǐng	novel; new and original	斬新だ，新奇だ	1
信贷	xìndài	credit	信用貸し付け	14
信函	xìnhán	letter	手紙，書簡	13
信赖	xìnlài	trust	信頼する	15
信守	xìnshǒu	abide by; stand by	かたく守る	4
信守合同	xìnshǒu hétóng	stand by the contract	契約をかたく守る	23
信息	xìnxī	information; news; message	情報，音信，便り	17
信誉	xìnyù	reputation	信用と名誉	9
信用	xìnyòng	credit	信用	15
信用调查	xìnyòng diàochá	credit survey	信用調査	14
信用证	xìnyòngzhèng	letter of credit	信用状	4
信用证付款	xìnyòngzhèng fù kuǎn	pay by letter of credit	信用状によって支払う	20
兴隆	xīnglóng	prosperous; thriving	繁昌する，隆盛だ	4
兴隆昌盛	xīnglóngchāngshèng	prosperous; brisk	繁昌する，隆盛する	5

行程	xíngchéng	route or distance of travel	過程，道のり，行程，日程	1
行之有效	xíng zhī yǒu xiào	effectual	行なえば効果がある	8
醒目	xǐngmù	attract attention; be striking	人目を引く，目立つ	7
性能	xìngnéng	function	性能	7
雄辩性	xióngbiànxìng	of eloquence effect	雄弁性	13
需求	xūqiú	demand; requirement	需要，求め	14
虚盘	xūpán	non-firm offer	フリーオファー	18
许诺在先	xǔnuò zài xiān	promise beforehead	予め承諾する	23
畜产	xùchǎn	livestock product	畜産	1
续约	xùyuē	continuation of the journey	契約を継続する	27
选料	xuǎnliào	select materials	材料を選ぶ	9
渲染	xuānrǎn	play up; exaggerate	物事を大げさに誇張する	5
询盘	xúnpán	inquiry about	インクワイアリー	17

Y

| 言必信，行必果 | yán bì xìn, xíng bì guǒ | be true in word and resolute in deed | 言った上以必ず実行し，行う以上必ず断固 | |

			としてやる	10
延长	yáncháng	prolong; lengthen	延長する	22
延期	yánqī	put off	延期する	23
延误	yánwù	incur loss through delay	遅延する	4
严格	yángé	strict	厳格である、きびしい	
严密	yánmì	tight, close	厳密だ、周密だ、綿密だ	9 / 29
严守	yánshǒu	guard strictly	かたく守る	14
严守信义	yánshǒuxìnyì	keep faith	信義を固く守る	10
严肃性	yánsùxìng	solemn; serious	厳粛的だ、おごそかだ	23
研制	yánzhì	manufacture; prepare	開発する	9
演奏	yǎnzòu	play a musical instrument	演奏する	8
验证	yànzhèng	test and verify	験証する 演実をして見せる	7
演示	yǎnshì	demonstrate	演示する	
样式	yàngshì	pattern; type; form	様式、型	1
邀请信	yāoqǐngxìn	letter	招待状	1
摇篮	yáolán	cradle	ゆりかご、ようらん、発祥地	5
业务	yèwu	business	業務、事業	2
一旦	yídàn	in case	ひとたび、いったん	21

一贯	yíguàn	consistent; persistent; all along	一貫して	22
一毛不拔	yì máo bù bá	unwilling to give up even a hair; very stingy	一文の金も出ししぶる	7
一目了然	yímùliǎorán	be clear at a glance	一目瞭然	7
一如既往	yì rú jì wǎng	as before; as always	すべて今までどおり	19
一式两份	yí shì liǎng fèn	bipartite	同じ物が二枚	19
一丝不苟	yì sī bù gǒu	not be the least bit negligent	少しもいい加減なところがない	22
一向	yí xiàng	consistently; all along	今までずっと，平素から	26
一应	yìyīng	all; everything	全部	16
一针见血	yì zhēn jiàn xiě	hit the nail on the head	すばりと急所をつく	26
一致性	yīzhìxìng	consistency	一致性	26
依依不舍	yīyī bù shě	cannot bear to part	別れを惜しむ	11
依约	yī yuē	according to the contract	契約による	4
宜	yí	fitting; appropriate	適当だ，適している	24
遗产	yíchǎn	legacy; heritage; inheritance	遺産	21
遗憾	yíhàn	regret	残念だ，遺憾だ	4
以便	yǐbiàn	in order to	……のために，……するた	

			めに	3
以……名义	yǐ...míngyì	in the name of	……の名義で	16
已届	yí jiè	fall due	……になる	24
亦	yì	also	また，も	3
易货贸易	yìhuò màoyì	barter trade	バーター貿易	31
意气风发	yìqì fēngfā	high-spirited and vigorous	意気が盛んだ	5
意味着	yìwèizhe	it means...	(……を)意味する	24
异议	yìyì	objection; dissent	異議	13
因故	yīngù	for some reason	原因がある	4
音阶	yīnjiē	scale	スケール，音階	8
音效	yīnxiào	sound effects	音楽の効果	8
音域	yīnyù	range; compass	音域	8
音质	yīnzhì	tone quality	ねいろ，音質	8
引见	yǐnjià	introduce	紹介する，引き合わせる	3
引进	yǐnjìn	introduce	導入する	30
引据	yǐnjù	quotation	証拠を引用する	26
饮料	yǐnliào	drinks	飲み物	9
印花	yìnhuā	printing	捺染した	27
印花细布	yìnhuā xìbù	prints; printed calico	捺染布	20
印刷	yìnshuā	print	印刷する	30
盈亏	yíngkuī	profit and loss	損益	29
营养佳品	yíngyǎng jiā pǐn	good nutriment	栄養に富んでいるす食品	17

营业额	yíngyè'é	turnover; volume of business	営業額	14
应变	yìngbiàn	contingency	応変する	25
应邀	yìngyāo	on invitation; at sb's invitation	招きに応じる	4
应市	yìngshì	go on the market	市場へ出す	29
佣金	yōngjīn	commission	口銭，仲介料	17
佣金率	yōngjīnlǜ	commission rate	手数料	27
用户	yònghù	user	消費者，ユーザー	3
用途	yòngtu	usage	使い道，用途	9
优惠	yōuhuì	favourable; preferential	特恵の，特恵を与える	1
优惠条件	yōuhuì tiáojiàn	favourable terms; soft terms	特恵条件	7
优势	yōushì	superiority	優勢	19
优雅	yōuyǎ	fine and refined	優雅だ，上品だ	9
优异	yōuyì	good	とくにすばらしい	9
优质材料	yōuzhì cáiliào	high quality material	すぐれた質の材料，上質な材料	7
优质原料	yōuzhì yuánliào	high quality raw material	上質な原料	9
邮购	yóugòu	mail-order	通信購入する	7
尤为	yóuwéi	especially	とくに	9
由于……以致于	yóuyú...yǐzhìyú	owing to...that	……のために……の結果になる	16

由衷	yóuzhōng	heartfelt; from the bottom of one's heart	心から	10
友行	yǒuháng	friendship association	友好関係のある会社	3
有利可图	yǒu lì kě tú	be profitable	有利である，ぼろいもうけができる	7
有效	yǒuxiào	valid; effective; efficacious	有効，がある である	1
有益	yǒuyì	profitable; beneficial	有益だ	3
有意	yǒuyì	have a mind to to	……したいと思う，気がある	27
逾	yú	exceed; go beyond	超える，超過する	27
于	yú	to	……よりも	11
逾期	yúqī	be overdue; exceed the timelimit	期限が切れる，期限をすぎる	20
予以	yǔyǐ	give; grant	……を与える，……する	4
羽绒服	yǔróngfú	feather coats	フェザーコート，ダウンジャケット	31
预先	yùxiān	in advance; beforehand	あらかじめ，前もって	3
预付	yùfù	prepay	前貸し，前金払い	22

誉为	yùwéi	be praised as	ほめたたえる	9
冤家	yuānjiā	foe; enemy	かたき，きゅう敵	5
原报盘	yuán bàopán	original offer	原クオーテーション	19
原价	yuánjià	original price	原価，元価	19
原料	yuánliào	raw material	原料	15
原材料	yuáncáiliào	raw material	原料と材料	30
原则	yuánzé	principle	原則	22
原则性	yuánzéxìng	principle	原則性	24
圆满	yuánmǎn	satisfactory	円満に	10
元蘑	yuánmó	a kind of mushroom	キノコの一種	18
远期	yuǎnqī	long—term	期限付	22
愿望	yuànwàng	desire; aspiration	願望	14
约	yuē	arrange; about;	約，ぐらい	23
约束力	yuēshùlì	restrict	制約の力	18
允许	yǔnxǔ	permit	許可する，認める	6
运费	yùnfèi	transportation expenses	運賃，運送料	17
运输	yùnshū	transport	運輸する，運送する	21
韵味	yùnwèi	lingering charm	味わい，おもむき	8

Z

早传佳音	zǎo chuán jiāyīn	reply by good news	吉報をお待ちしております	31
责任	zérèn	duty	責任	11
责任方	zérènfāng	duty side	責任方	26
责任感	zérèngǎn	sense of duty	責任感	10
择优	zéyōu	choose the best one	優れているのを選ぶ	28
增进	zēngjìn	promote; further; enhance	増進する，増進させる	13
增强	zēngqiáng	strengthen	強める，強化する	9
展卖	zhǎnmài	sell on show	展示して売る	1
展示	zhǎnshì	reveal; show	展示する	16
展延	zhǎnyán	extension	延ばす	24
帐单	zhàngdān	bill	勘定書	14
招标	zhāobiāo	invitation tender	入札募集	28
招待	zhāodài	entertain	招待する，もてなす	10
朝夕相处	zhāoxī xiāng chǔ	be together from morning to night	朝夕顔を合わせている	11
照顾	zhàogù	took after; keep an eye on	世話する，配慮する	3
折扣	zhékòu	discount, rebate	割引き（する）	13
折中	zhézhōng	compromise	折衷する	19
珍宝	zhēnbǎo	treasure	宝物，宝	10

珍品	zhēnpǐn	precious good	珍品	18
珍视	zhēnshì	value; cherish	大事にする，重視する	2
真蘑	zhēnmó	a kind of mushroom	キノコの一種	18
斟酌	zhēnzhuó	consider; deliberate	しんしゃくする	19
正常	zhèngcháng	normal	正常	7
正式收据	zhèngshì shōujù	official receipt	正式な領収書	22
正文	zhèngwén	main body (of a book etc.)	本文，正文	7
政策	zhèngcè	policy	政策	3
证据	zhèngjù	proof	証拠	7
证实	zhèngshí	confirm	証拠だてる，実証する	7
支持	zhīchí	support; sustain; back	支持する	2
支持者	zhīchízhě	supporter	支持者	2
脂肪糖类	zhīfáng tánglèi	fat sugar	脂肪糖の類	9
支付	zhīfù	pay	支払う	14
直达	zhídá	through; nonstop	直通（する）	24
直接	zhíjiē	directly	直接	7
值此	zhícǐ	on the occasion of	……にあたる，……に際して	4
值得	zhíde	worth	……の値打ちがある，する価値	

			がある	11
职务	zhíwù	rank	職務	11
执行	zhíxíng	carry out; put into effect	実施する，執行する	19
止痒	zhǐyǎng	stop the itching	かゆみを止める	9
质地	zhìdì	quality of a material	生地，素地	1
质量	zhìliàng	quality	品質	3
质优味美	zhì yōu wèi měi	of high quality and good taste	品質もすぐれていて味もおいしい	16
至感	zhìgǎn	deeply sensed	感激の至り	27
致力于	zhìlì yú	devote oneself to; work for	……に力を注ぐ，……に力を傾ける	6
致歉	zhìqiàn	apologize to sb.	謝る，遺憾の意を伝える	4
致使	zhìshǐ	cause; result in	……とするようになる，…の結果になる	24
治疗效果	zhìliáo xiào guǒ	therapeutic effect	治療効果	7
滞留	zhìliú	detention	停滞する	25
秩序	zhìxù	order; sequence	秩序	25
制作	zhìzuò	make; manufacture	作る，製造する	6
忠恳	zhōngkěn	faithful	忠実な，誠実な	23

衷心	zhōngxīn	heartfelt; cordial	心から	1
种	zhòng	plant; grow	植える，種をまく	6
中标	zhòngbiāo	win the bid	落札	28
仲裁	zhòngcái	arbtration	仲裁する	27
周到	zhōudào	thoughtful; considerate	よく行き届く，周到だ	10
周转	zhōuzhuǎn	turnover	回転する，融通する	24
骤然	zhòurán	suddenly; abruptly	にわかに，たちまち	17
主客观	zhǔkèguān	subjective and objective	主客観，主観と客観	74
主件	zhǔjiàn	main part	主な部品，重要な部品	30
瞩目	zhǔmù	focus one's attention upon	ひとみを凝らす，目を着ける	16
注册	zhùcè	register	登録する	7
注册资本	zhùcè zīběn	registered capital	登記資本金	29
注入	zhùrù	pour into	注ぐ，注ぎ込む	10
祝贺	zhùhè	congratulate	祝う	10
祝愿	zhùyuàn	wish	願いを込めて祈る	10
助理研究员	zhùlǐ yánjiū yuán	associate researcher	研究員補佐	6
住宅	zhùzhái	residence	住宅	29
专长	zhuāncháng	special skills	特技，専門知識	

		and knowledges		14
专家	zhuānjiā	expert	専門家	7
专利	zhuānlì	patent	専売特許	30
装卸	zhuāngxiè	load and unload	積み卸ろしをする	21
装运	zhuāngyùn	shipment	積載輸送する	25
准确	zhǔnquè	accurate	正確	9
卓异	zhuōyì	distinguished; outstanding; brilliant	衆門信きんでる 卓越している	3
资本额	zīběn'é	capital amount	資本額	14
资金	zījīn	fund	資金	14
资料	zīliào	data; material	資料	8
资信	zīxìn	credit	信用	15
资源	zīyuán	resources	資源	29
综合险	zōnghéxiǎn	comprehensive insurance	総合保険	21
足迹	zújì	track; footprint	足あと	7
足量	zúliàng	sufficient in amount	十分だ	9
尊重	zūnzhòng	respect	尊重する	11
作废	zuòfèi	become invalid	無効になる	23
作风	zuòfēng	style	作風，やり方	19
作价投资	zuòjià tóuzī	making a price invest	建値投資	29
做工	zuògōng	workmanship	作り方	1

（京）新登字157号

外贸写作
赵洪琴　吕文珍编
*
北京语言学院出版社出版发行
（中国北京海淀区学院路15号　邮政编码100083）
北京北苑印刷厂印刷
中国国际图书贸易总公司发行
（中国北京车公庄西路35号）
北京邮政信箱第399号　邮政编码100044
1994年（大32开）第1版
1994年10月第2次印刷
（汉英日）
ISBN 7-5619-0270-0/H・196
01400
9—CEJ—2818P